Os Sete Raios do Espírito e a transformação da vida humana

Textos extraídos da Conferência dos Jovens Rosa-Cruzes realizada no Centro de Conferências "Nova Luz" na cidade de Fortaleza-CE, em Julho de 2016

LECTORIUM ROSICRUCIANUM

1ª EDIÇÃO

2018

Pentagrama publicações

Dados Internacionais de Catalogação na Publicação (CIP)
(Câmara Brasileira do Livro, SP, Brasil)

Os Sete Raios do Espírito e a transformação da vida humana / Lectorium Rosicrucianum. -- 1. ed. -- Jarinu, SP : Pentagrama Publicações, 2018.

" Textos extraídos da Conferência dos Jovens Rosa-Cruzes realizada no Centro de Conferências Nova Luz na cidade Fortaleza-CE, em julho de 2016".
ISBN 978-85-67992-82-2

1. Autoconhecimento 2. Espiritualidade 3. Gnosticismo 4. Rosacrucianismo - Discursos, ensaios, conferências 5. Sete Raios I. Lectorium Rosicrucianum.

18-12274 CDD-299.932

Índices para catálogo sistemático:

1. Rosacrucianismo : Conferências : Gnosticismo : Religião 299.932

ISBN: 978-85-67992-82-2

Caixa Postal 39 – CEP 13240-000 – Jarinu – SP – Brasil
Tel. (11) 4016.1817 – fax (11) 4016.3405
www.pentagrama.org.br
livros@pentagrama.org.br

Prefácio

Todos os anos, o Lectorium Rosicrucianum realiza uma conferência de renovação para jovens de 18 a 30 anos. Ela congrega aproximadamente 100 pessoas, que trabalham juntas e intensamente durante uma semana inteira, em um de seus centros de conferências.

Para a Rosa-Cruz moderna, um centro de conferências assemelha-se muito às cidades da Grécia Antiga destinadas ao aprendizado e à transformação interiores. Nestas cidades, havia momentos de profunda reflexão, de grande interação e de intenso trabalho material, na busca por transformar o ser humano em sua totalidade. Trabalhando em profundidade os três aspectos fundamentais da consciência humana, a saber: o aspecto interior e intuitivo, a compreensão e a ação; a partir do Princípio Universal que cada ser humano traz, latente, no imo de seu ser.

É isso que o Lectorium Rosicrucianum também busca realizar suas conferências de renovação, e em especial, nas conferências anuais destinadas aos jovens alunos. Nestas conferências os jovens têm a oportunidade de buscar dentro de si mesmos os elementos para realizarem essa mudança fundamental, através da reflexão, do diálogo, de uma alegre interação, e também pela cooperação e pelo trabalho conjunto.

Os textos de uma conferência são preparados visando exatamente essa transformação. Espera-se que sejam catalisadores de um processo de reconhecimento interior, e que causem um *insight*, uma ignição interior que permitirá à própria consciência reconhecer, identificar, e utilizar os elementos de transformação que já se encontram nela mesma, podendo levá-la a uma integração com o Princípio Universal latente em si.

Alguns dizem que a juventude pode ser definida como a eterna sede por aprender e transformar a si mesmo. Nesse sentido, a esses eternos jovens de alma, destinamos este livro, com os textos utilizados na Conferência. Que sirva de ignição para todos aqueles, que tem na busca interior, esse fator comum, esse elemento que lhes assegura uma eterna sede de um aprendizado interior e real. Esperamos que ele possa ajudá-los, de alguma maneira, em seu processo de auto-descoberta.

Introdução - O Arquétipo Humano

Em todos os tempos, na mitologia, nas lendas, na cultura e na filosofia de todos os povos, os seres humanos falaram a respeito de uma vida verdadeira, real, e cheia de novas possibilidades.

Lemos a respeito dessa Vida nas diferentes histórias, em que a personagem central atravessa inúmeras provas, e, uma vez vitoriosa, passa por um processo de transformação interior, que abre-lhe as portas para essa nova dimensão da vida, uma vida que se encontra além dos limites conhecidos e da problemática de nosso eu e de seu mundo, uma vida plena de liberdade, de real bondade, verdade e justiça.

Os Rosa-Cruzes de todos os tempos apontavam também para essa Vida, uma Vida que merece ser grafada com maiúsculas, pois indica uma verdadeira Nova Vida. Diziam ainda que ela se encontra dentro de cada ser humano como um princípio, uma luminosa possibilidade, e como um real direito de nascença.

O Lectorium Rosicrucianum, que é uma manifestação da Rosa-Cruz Moderna, afirma o mesmo, e também indica um caminho interior e real de transformação do ser humano. Um caminho que se destina a realizar, a tornar real, essa possibilidade, esse princípio de uma Nova Vida.

É por esta razão que afirmamos, com toda a serenidade e segurança, que o segredo para essa Nova Vida se encontra no coração de cada ser humano. Sim, o segredo para a Nova Vida se encontra em seu coração.

O coração humano não é apenas um órgão de carne e de sangue, é também o núcleo de todo o nosso sutil, de nossos corpos energéticos. Por isto dizemos que nele circulam energias que ardem como verdadeiras flamas. Em seu coração ardem sete flamas chamadas de "O Candelabro do Coração".

Cada uma dessas flamas precisa ser transformada em um Novo Fogo cuja fonte é a Centelha do Espírito, o coração de seu microcosmo. A Centelha do Espírito é a força UNA e indivisível do universo à qual chamamos de Espírito.

Mas o Espírito não pode transformar a vida de um ser humano em uma Nova Vida sem a cooperação de sua consciência. Na linguagem do Ensinamento Universal, que é a soma de todo o conhecimento interior da humanidade de todos os tempos, a consciência também é chamada de Alma.

Por isso, é dito que o processo que leva à Nova Vida depende do casamento, ou seja, da união entre o Espírito e a Alma. Esta união é simbolicamente indicada nos mitos e lendas de todos os tempos, em diferentes formas e figuras. Todas as princesas, príncipes, reis, cavaleiros e castelos são alegorias que indicam esses elementos interiores em cada ser humano, mas que sempre apontam para o mesmo processo de transformação da consciência, a alma, pelo Princípio Universal, o Espírito.

Dessa forma, esse casamento simbólico significa a união física que pode gerar um novo ser a partir da transformação do velho ser, como ocorre, por exemplo, com a clássica metamorfose da lagarta na borboleta. Eis por que essa transformação é chamada de uma mudança de figura, ou também de transfiguração.

É um processo maravilhoso, que pode ocorrer em cada aspecto de todo o seu ser. Ele poderá transformar a energia que flui em você e o funcionamento de seus corpos sutis. Ele também poderá transformar o seu organismo através de um metabolismo totalmente diferente.

Mas, para que esse processo maravilhoso possa ocorrer existe uma condição prévia absoluta de que a unificação do Espírito e da Alma realmente ocorra em seu coração, em seu coração energético, pois, esta transformação é o pilar fundamental para tudo aquilo que deverá ocorrer em sua consciência e em sua vida real.

Eis porque é tão importante que você compreenda que essa é a verdadeira tarefa da vida de cada ser humano, portanto, também a sua tarefa, para que possa cooperar ativamente nesse processo e permitir que ele ocorra em seu ser.

Por isso iremos focar nossa atenção nos capítulos seguintes nesse mergulho profundo em seu coração, para que você possa compreender e reconhecer essa realidade interior e despertar para o processo que poderá ser levado adiante por sua consciência, caso não somente ela o reconheça, mas também tome a firme decisão de trilhar o caminho necessário para permitir que isso ocorra.

Vamos explorar cada um dos espaços do coração energético do ser humano, buscando compreender cada uma das flamas que neles arde e perceber o que precisa mudar em nossas consciências, para que um novo fogo sétuplo possa surgir e transformar toda a nossa vida.

Nós acreditamos que essa será uma fantástica viagem de descoberta. E desejamos que essa viagem interior possa realmente transformar toda a jornada de sua vida.

Antes de começarmos, porém, cremos que talvez fosse útil ao leitor, a utilização de alguns quadros ilustrativos, no sentido de esclarecer as idéias e os conceitos-chave que utilizamos neste livro.

Quando falamos de um coração energético, ou mesmo, na linguagem esotérica mais convencional, de um coração etérico, estamos nos referindo a uma série de linhas de força que se entrelaçam e formam uma estrutura, uma determinada figura que manifesta uma ideia ainda mais grandiosa e mais potente, a qual poderíamos chamar de sua fonte ou origem.

No coração etérico encontramos uma imagem do arquétipo das forças criadoras do universo, e no momento em que o compreendemos, compreendemos não somente os grandes vetores de construção universal, mas também a constituição e o funcionamento de nossos corpos sutis e também de nosso corpo físico.

Uma explicação mais detalhada deste assunto nos faria fugir ao escopo deste livro, portanto, apenas indicaremos alguns aspectos mais esquemáticos visando facilitar a leitura dos capítulos seguintes, que objetivam oferecer ao leitor uma compreensão de como o processo de transformação da consciência e da vida pode tomar forma em nós.

Os comentários abaixo encontram-se representados na figura 1, que tenta colocar de maneira simples e mais visual os conceitos tratados.

Tudo começa com o Ser Absoluto, a Divindade Universal Suprema e não manifestada (figura 1.1).

Essa Divindade, apesar de suprema e absoluta, e portanto, perfeita, tem a necessidade de manifestar-se para poder conhecer a si mesma, e, ganhando consciência de si mesma, crescer, "de força em força, e de glória em glória".

Essa Divindade então se espelha em si mesma, separando em si mesma as duas grandes correntes criadoras do universo, energia e matéria, ou, como já foram chamadas no passado, o Duplo Logos Tríplice, a dupla-unidade do Pai-Mãe Universais, o Espírito e a Matéria, ou, a força de ideação e a matriz de manifestação (figura 1.2).

O grande objetivo dessas correntes universais é o de criar vida, vida animada, inteligente e auto-consciente. E assim, elas mergulham uma na outra, unindo idéia e forma, Espírito e Matéria, e dessa união surgem as incontáveis ondas de vida, em seus diferentes estados de consciência e de manifestação (figura 1.3).

Quando essas ondas de vida, pelo seu processo infinitamente longo de manifestação, tornam-se conscientes de si mesmas, pela perfeita concentricidade da ideia e da forma, do Espírito e da Matéria, então, diante do Ser Absoluto, que em realidade é o centro de tudo e de todos, surge o núcleo da consciência individual, o qual chamamos de "Ego" ou de consciência-alma. Dessa forma, da perfeita união do Pai-Mãe Universais surge o Filho, um ser plenamente autoconsciente, que poderá crescer, infinitamente, até tornar-se novamente uno com o Ser Absoluto. (figura 1.4).

O ser humano atual é uma entidade auto-consciente. Porém, no estágio atual de nossa manifestação, a consciência humana ainda sofre da identificação com seu "eu", e sua consciência-alma manifesta-se como uma consciência-eu.

Esse estado de identificação, que no passado já foi associado ao mito do paraíso perdido, e também à lenda de Narciso, que enamorou-se de sua figura e perdeu-se nas águas do lago ao tentar agarrá-la, indica uma consciência que está como que de costas para o Ser Absoluto em si mesmo, assim como um homem de costas para o sol e que caminha perseguindo sua própria sombra.

Esse estado precisará ser vencido pela própria consciência, tocada pela força do Ser Absoluto, pelo Princípio Universal em si mesmo. Desta forma, a consciência humana precisará passar por um processo de auto-revolução, pela demolição de seu egocentrismo, colocando novamente no centro de seu ser e de sua vida, o Núcleo do Ser Absoluto.

Quando isso ocorrer, a câmara central do coração etérico, onde se encontra o núcleo da consciência humana, será transformada pelo toque e pela reintegração com o Ser Absoluto, que se encontra nela mesma, como realidade imanente. Esta câmara, núcleo de nossa identidade, será a responsável pela transformação de mais duas câmaras do coração etérico do ser humano, responsáveis pela consciência e pela manifestação.

Surgirá então o triângulo de uma Nova Alma, formada por uma nova identidade, consciência e manifestação, a partir do Ser Absoluto. É esse triângulo de uma Nova Alma que transformará toda a vida, por meio da mudança fundamental das quatro faculdades criadoras do ser humano, que são: pensamento, desejo, percepção e forma.

Assim, esses sete espaços, essas quatro câmaras no coração etérico do ser humano, estarão preenchidos pela força do Ser Absoluto, que será a base de sua transformação estrutural (figuras 1.5 e 1.6)

Não é somente no coração que o ser humano possui uma imagem do Arquétipo Divino. Sua cabeça e sua pelve, em conjunto com seu coração, trazem também uma imagem semelhante. É pelo fato de portarem essa imagem original em si mesmos, que no passado foram chamados de santuários. É também por essa razão que nas grandes civilizações do passado encontramos os santuários tríplices, que indicam o estado que deverá ser atingido pelo próprio ser humano. Assim, falamos de um santuário do coração, um santuário da cabeça, e um santuário da vida.

Esse espelhamento nos santuários da cabeça e da vida ocorre pela dupla polaridade das três forças criadoras da ideação e da manifestação, os dois triângulos criadores universais que, por seus aspectos positivo e negativo, formam a mesma imagem desse arquétipo, e em seu núcleo surge também um foco de consciência.

Dessa forma, temos três centros de consciência, ou um "eu-tríplice" que atua em nós, com o foco principal da identidade no coração, da consciência na cabeça, e da consciência de si mesmo, a consciência biológica, no santuário da vida.

Nesses três santuários ardem também sete fogos, sete forças que animam os sete aspectos da identidade, da consciência e da vida, como os sete aspectos de nossa alma-eu.

Os sete fogos, também chamados simbolicamente de candelabros, deverão ser transformados totalmente, a partir da mudança fundamental do santuário do coração, com base no Ser Absoluto (figura 2.1).

É a partir dessa transformação da alma tríplice que uma mudança estrutural, portanto corpórea, pode e deve ocorrer. Com o novo arquétipo tríplice ardendo no ser humano como uma nova e verdadeira força do pensamento, os centros energéticos do corpo astral, também conhecidos como chacras serão modificados.

Eles serão preenchidos pela mesma força que passou a circular no coração, na cabeça e na vida, gerando um novo veículo astral (figura 2.2), modificando e transfigurando totalmente o corpo etérico pela nova força que circular em seus meridianos, conectados aos chacras do corpo astral (figura 2.3).

Quando esse processo houver avançado suficientemente, o próprio corpo físico reagirá, e, durante o tempo que lhe couber em sua existência temporal, portará em si também a imagem dessa Nova Vida, pela sintonização de seu sistema endócrino ao impulso do Ser Absoluto, do UNO, no núcleo de seu coração (figura 2.4)

Assim, lançamos um olhar, como que em um voo de pássaro, no grandioso processo de transformação fundamental que aguarda a cada ser humano, como uma promessa, como uma possibilidade latente.

Toda a construção, e também a reconstrução, do arquétipo do ser humano pode ser facilmente explicada e compreendida quando nos damos conta da conexão direta que existe entre as forças criadoras do universo e nós mesmos.

Eis por que quando falamos a respeito do Espírito e sua unificação com a consciência humana não estamos falando sobre uma experiência mística abstrata. Ao contrário, estamos nos referindo a uma transformação orgânica e prática, que começa e desabrocha a partir do primeiro arquétipo que forma o nosso ser, o coração etérico com suas sete câmaras.

Essas sete câmaras correspondem ao desabrochar do Espírito em seus Sete Raios. E o processo da transfiguração desabrocha e progride quando cada um desses Sete Raios pode de fato se transformar na força vivificante dos diferentes aspectos de nosso ser mais profundo.

Simbolicamente, chamamos esse processo de "o desabrochar do Botão de Rosa na sétupla Rosa do Coração". Na prática, isso significa que a partir da primeira até a sétima câmara, todo o seu coração etérico precisa viver de uma energia totalmente nova - os Sete Raios do Espírito - que correspondem a aspectos muito práticos de sua consciência e sua manifestação:

Vontade - Amor - Inteligência - Harmonia - Sabedoria - Dedicação - Ação

Estas são as sete forças que precisam despertar em cada ser humano.

Essas são as sete forças que precisamos aprender a utilizar como verdadeiras ferramentas de transformação de nossas vidas.

São os nossos votos, que todos aqueles que buscam essa transformação possam realizar um trabalho real e profundo. E que a força sétupla dos Sete Raios do Espírito possa acompanhar a todos os que se dispõe, com seriedade, humildade e fidelidade.

Figura 1 - Esquema da Criação Universal e o Arquétipo do Coração Etérico

1 2 3 4 5 6

1. O "UNO" - não-manifestado, não-dividido Supremo Ser
2. O Duplo Logos Tríplice - O Pai-Mãe Universal - Espírito-Matéria
3. Toda a Manifestação - Através da União do Espírito e da Matéria
4. O Filho - A Consciência auto-criadora e auto-ciente
5. O Triângulo de Princípios - Identidade - Consciência - Manifestação
6. O Quadrado da Construção - Pensamento - Desejo - Percepção - Forma

Figura 2 - Esquema do Arquétipo Humano e seus Corpos Sutis e Material

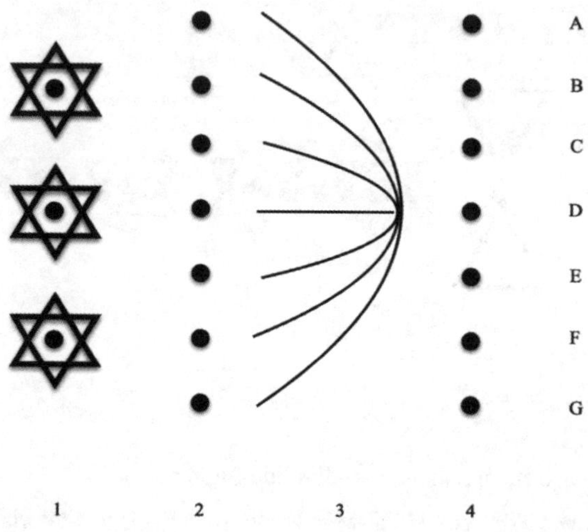

1. O Arquétipo do Ser Humano - Os Santuários do Coração, Cabeça e Vida - Os 3 Centros da Consciência - Os 3 Candelabros Tríplices
2. O Corpo Astral com seus 7 Chacras (de cima para baixo): A. Coronário, B. Frontal, C. Laríngeo, D. Cardíaco, E. Plexo Solar, F. Sacro e G. Raiz
3. Os Meridianos do Corpo Etérico - e sua conexão mútua com o corpo astral
4. As 7 Glândulas Endócrinas em relação com o Corpo Astral e Etérico (de cima para baixo) - A. Pineal, B. Hipófise, C. Tireóide, D. Timo, E. Pancreas, F. Glândulas Sexuais e G. Supra-Renais

Capítulo 1 - Vontade

"Pois onde estiver o seu tesouro,
aí também estará o seu coração."
Mateus 6:21

Onde está o seu coração? Qual é o centro de sua vida, seu verdadeiro tesouro? Onde se encontra esse único e imóvel eixo em você, ao redor do qual, tudo gira, desde o maior até o menor aspecto de sua vida?

Esse coração magnético, esse real tesouro, esse eixo imóvel também poderia ser chamado de sua mais profunda e verdadeira intenção, essa intenção central que se encontra por detrás de cada pensamento, emoção ou ação que você possa ter. Esta intenção profunda é o que move você, que atrai tudo o vem até você, e que direciona tudo aquilo que brota de você.

No Ensinamento Universal, esta intenção profunda também é chamada de Vontade, a força que move todo o Universo, o primeiro Raio do Espírito.

Já falamos a respeito de sete câmaras do coração que estão preenchidas por um determinado fogo. Este fogo que preenche seu coração e seu inteiro ser é exatamente esta Vontade, essa intenção profunda. Eis porquê podemos dizer com certeza que a qualidade e a natureza desta força motora em você é que direciona sua vida nesta ou naquela direção, como o leme de um barco.

O leme é invisível, assim como o seu tesouro mais secreto, sua intenção mais profunda, mas, mesmo assim, é essa força invisível que sempre direcionará toda a sua vida. Na estrutura de seu coração etérico, esse centro mais profundo corresponde à primeira câmara, àquela que se encontra bem no meio. Se você olhar para as sete câmaras de seu coração etérico como o timão do barco, você compreenderá que essa câmara é o eixo, o centro ao redor do qual gira o timão de sua vida, com as outras seis câmaras que giram ao seu redor.

A primeira câmara também corresponde ao aspecto nuclear de sua consciência. Este centro ou núcleo é formado quando os dois princípios da Criação Universal tornam-se concêntricos em seu ser, quando o Duplo Logos Tríplice, os Triângulos do Pai-Mãe, realmente encaixam-se um no outro.

Então, a força central desperta em seu ser, e o núcleo de sua consciência auto-despertada pronuncia a palavra mágica, a única e vivente palavra criadora em todo o Universo - "EU" - "Ego sum" - "Eu sou" - este é o sagrado e secreto nome do Ser Divino. Por isto a câmara central de seu coração é representada por aquele pequeno ponto que surge diante do secreto, sagrado e para sempre desconhecido centro de toda a vida, o centro do Universo que você carrega em seu coração.

Todo o objetivo da criação, da natureza, da evolução, da cultura e da civilização, foi o de manifestar esse momento em que o Pai-Mãe torna-se auto-consciente no Filho, no centro do coração humano, para que você também possa dizer: "Eu sou".

Há pouco dissemos que o "eu", e a identificação com o "eu", geram o estado de consciência e de vida egoísta, que, em realidade, é a verdadeira causa do sofrimento humano, e que devemos ultrapassar essa fase mediante uma verdadeira auto-revolução. Agora, porém estamos dizendo que todo o esforço divino da Manifestação Universal tem como objetivo a criação do "EU". Isto pode soar, no mínimo, contraditório.

Este, porém, é o cerne da questão. E aquele que compreender essa questão em profundidade e realidade, verá que sua vida também ganhará uma perspectiva totalmente diferente. Se, contudo, você não compreender bem isto, não apenas lhe será impossível seguir o caminho da auto-revolução com base no Princípio Universal, no Ser Absoluto no imo de si mesmo, como também talvez lhe será difícil viver uma vida plena de sentido.

Por isto é tão importante que você reconheça a verdade, a verdade que talvez ainda se encontre em você como um mistério para sua consciência, pois a verdade o libertará.

A verdade é que o "EU" é divino.

A verdade é que o "EU, o "EU Real" não pode ser destruído, porque é "Deus" mesmo.

O "EU", o "EU Real", é eterno, imortal, sem fim, sem limites.

O "EU", seu "EU Real" é o objetivo de toda a criação.

Seu "EU Real" é a ferramenta criada pelas forças divinas do universo para permitir ao Ser Divino, a Deus mesmo, tornar-se auto-consciente, tornar-se consciente de Si mesmo, conhecer a Si mesmo, para crescer e desenvolver-se, infinitamente.

Portanto, não é o "EU" que deve ser destruído. Ao invés disso, trata-se de uma certa orientação, uma certa escolha, ou uma mudança fundamental na direção do leme da vida que precisa ocorrer. O mito do paraíso perdido e o mito de Narciso, citados anteriormente indicam essa escolha, uma certa direção que foi tomada por esse leme central de nossa vida, em um determinado ponto de nossa existência.

No momento em que cada ser torna-se totalmente auto-consciente, ou, em outras palavras, no momento em que o coração etérico finalmente atinge a forma perfeita de seu arquétipo divino, quando o divino Pai-Mãe torna-se absolutamente unido, é que o Filho, a consciência-alma, ou o "EU" é despertado em seu centro.

O "Filho" é o núcleo da consciência, e a definição básica de consciência, assim como o afirma Platão, é uma combinação de escolha e de impacto. Quando o núcleo da Alma é despertado, quando o "EU" autoconsciente finalmente desperta, ele possui diante de si uma quantidade infinita de escolhas, tal como os incontáveis cosmos que preenchem o universo.

Portanto, não existe um plano divino pré-estabelecido, muito menos acidentes que ocorrem ao longo dele. Isso seria tolo, e mesmo impossível, porque o impulso divino é incapaz de criar qualquer coisa que não seja a si mesmo em perfeição. O que ocorrem são escolhas, individuais e coletivas, intenções, que têm o poder de criar um impacto na matéria, como um espelho de si mesmas.

Assim como o definiram os Rosa-Cruzes e os Alquimistas dos séculos XV, XVI e XVII, o ser humano deve ser visto como um mundo em miniatura, um "minutus mundus", portanto, um microcosmo. Assim, todos nós somos como as pérolas deste colar de infinitas escolhas, desde a perfeita unificação com o UNO e a Vida Absoluta, até a sua perfeita negação com a correspondente identificação com nossa imagem-espelho na matéria.

Desde o "EU Real" identificado com o UNO, até o "EU egoísta" buscando desesperado sua própria imagem fora de si mesmo, o "EU" sempre é uma intenção, um propósito, uma manifestação da Vontade Universal perfeita. Ele é onipotente para criar seu próprio mundo, seja o Mundo Divino da Unificação Perfeita, seja a realidade fragmentada e dialética do "EU egoísta" e não integrado, buscando encontrar sua identidade perdida no espelho de um mundo fragmentado e dialético.

As Escolas Espirituais de todos os tempos destinavam-se àqueles que acumularam suficiente auto-percepção e uma quantidade suficiente de experiências para reconhecerem que a realidade é, ao mesmo tempo, uma ilusão e um produto de sua própria consciência.

Esses seres humanos são como os frutos maduros da Árvore da Vida. Eles amadureceram para começar a aprender a diferença entre a realidade e a ilusão, dentro e fora de si mesmos. Amadureceram o suficiente para começar o processo de retomar seu poder de escolha, seu livre-arbítrio, a força para mudar a direção do leme de suas vidas, na câmara central de seus corações.

Este livre-arbítrio, também entendido como intenção ou propósito, pode novamente tornar-se uma escolha livre, e não mais uma vontade egoísta que age como um leme quebrado que levou o barco de suas vidas a um naufrágio desesperado. Esse é o significado de uma verdadeira "Boa Vontade". Esses são os "homens de boa vontade".

A vontade desses homens amadureceu para reconhecer quão tolo é procurar sua própria identidade fora do UNO e Verdadeiro Ser. Então, eles aprendem a dar uma nova direção ao seu leme, aprendem a girar o timão de suas vidas, as câmaras de seu coração, em direção ao UNO, que já se encontra em seu próprio coração.

Depois de incontáveis vidas, vagueando nas areias do deserto da vida, com suas costas voltadas para o sol, e seguindo sem esperança a sua própria sombra, eles finalmente despertaram, tornaram-se auto-conscientes, e ouviram a Voz do Silêncio, a voz do UNO, que sempre os chamou. Quando eles se voltam a essa voz, eles encontram a fonte da Vida em si mesmos, e unificam-se totalmente com Ela.

Esses homens não mais buscam desesperadamente por sua identidade, por seu tesouro, fora de si mesmos, vivendo uma vida dividida, com um coração partido em pedaços, um pedaço para um amor perdido, um pedaço para um conhecimento especulativo, um pedaço para uma harmonia impossível, um pedaço para o acúmulo de bens e riqueza, um pedaço para um desejo insaciável, um pedaço para uma realização irrealizável. Quando eles encontram o UNO, eles encontram sua Identidade-Real, seu Ser-Real, seu Tesouro Real. Sua Vontade e a Vontade do UNO tornam-se uma única Vontade. Suas vidas fluem com as Águas do Rio da Vida. Eles finalmente curam-se de sua mais incurável dor.

O Espírito preenche o núcleo de sua identidade, a câmara central de seu coração. O fogo que neles arde agora é o Fogo da Vida, da Vida UNA indivisível. O Espírito, o Fogo da Vida, desabrocha em suas sete pétalas, sete cores, sete sons, preenchendo as sete câmaras do coração etérico, transformando-o, uma vez mais, na Rosa do Coração de Fogo.

O Espírito UNO e Indivisível se desabrocha nos Sete Raios do Espírito:

Vontade, Amor, Inteligência, Harmonia, Sabedoria, Dedicação e Ação.

Contudo, o primeiro passo é uma escolha, é uma reviravolta, um ato de seu propósito mais profundo.

Você continuará a buscar seu tesouro fora de si mesmo? Ou você está pronto para abraçar sua origem divina e aceitar a herança do Tesouro Universal que o aguarda, desde a aurora dos tempos?

Agora, que todas as possibilidades e caminhos do mundo e da vida estão amplamente abertos diante de você, qual será a sua escolha? Você sabe que não precisa abandonar nada, pois este não é um caminho de divisão e separação. Este é um caminho de integração.

A escolha com a qual você é confrontado é uma escolha real e interna. É a escolha de continuar no caminho de tentar construir a identidade de seu próprio ser por meio dos aspectos exteriores de sua vida, deixando-se definir por sua profissão, seu parceiro, suas posses, sua saúde, seu "seja lá o que for"... ou é a escolha de reconciliar a si mesmo com o chamado do Eterno UNO, utilizando assim todos os aspectos exteriores de sua vida como uma dádiva para manifestar a Vontade UNA, permitindo assim que NELA sua vida flua, brilhe e cresça.

As questões reais, que realmente importam são:

Quem é você? Quem você deseja ser? Qual o propósito de sua vida?

Responda essas perguntas a você mesmo, caro leitor. Escolha o seu próprio caminho. Mas, faça isso com seus olhos bem abertos, em total auto-consciência e total auto-responsabilidade.

Esperamos e ansiamos que você possa escolher o caminho UNO, para que através da UNA Radiação do Espírito, da Vontade UNA, seu coração possa ser preenchido pelo Luminoso Fogo dos Sete Raios do Espírito!

"Pois onde estiver o seu tesouro, aí também estará o seu coração."

Capítulo 2 - Amor

"Sua tarefa não é buscar o Amor, mas simplesmente buscar e encontrar dentro de si mesmo todas as barreiras que você construiu contra ele."
Rumi

O segundo Raio do Espírito que deve preencher a segunda câmara do coração etérico é denominado o Amor Absoluto.

Falar sobre o Amor traz consigo um risco que devemos considerar logo de início, pois este é um tema sobre o qual existem incontáveis textos, poemas, ideias e teorias.

Corremos o risco de pensar que já experimentamos esse Amor do qual estamos falando, de uma ou de outra maneira, lembrando-nos de quantas vezes talvez já tenhamos dito frases como: "eu te amo" ou "você é o amor da minha vida". Muito provavelmente, a grande maioria de nós já se apaixonou e acredita que já sofreu ou está sofrendo por amor, ou então, espera algum dia encontrar o amor da sua vida - se já não o encontrou.

Pois bem, pedimos a você, caro leitor, que faça agora um esforço, e tente esquecer, mesmo que por um momento, de tudo que você acredita que sabe sobre o Amor, pois tudo isso que descrevemos há pouco, e que é tão comum em nosso dia a dia, em realidade não tem relação alguma com o Amor absoluto, o 2º Raio do Espírito.

Para tentarmos explicar uma força que não pode ser totalmente explicada com palavras e nem ser compreendida com a nossa consciência limitada, vamos tentar usar alguns exemplos e comparações.

Em primeiro lugar é importante dizer que o Amor absoluto, sobre o qual estamos falando aqui, não está relacionado a um sentimento mais ou menos elevado ou mesmo com aquilo que na maioria das vezes acreditamos ser amor. Esse Amor do Espírito não tem relação com um sentimento, mas é uma força que deve preencher a segunda câmara do coração etérico e ser refletida no santuário da cabeça com a entrada do 2º Raio do Espírito no microcosmo do ser humano. O Amor tem relação com o hemisfério direito do cérebro e está diretamente ligado com o nosso entendimento e compreensão.

Ao penetrar nosso ser, o Amor, o 2º Raio do Espírito, deve transformar totalmente nossa consciência no sentido da compreensão e do entendimento do Propósito Universal para com o mundo e a humanidade. Portanto, não é possível amar e entender profundamente algo ou alguém, a não ser que tenhamos a capacidade de enxergar os motivos e as forças que atuam em todas as situações. Assim, não há sentido em chamar de amor, de Amor Real, os sentimentos parciais de nosso estado de vida egocêntrico, pois a partir do momento em que compreendemos algo ou alguém de verdade, já não o podemos mais excluir de nossa esfera de amor, de entendimento e de aceitação. Por isso é dito que o Amor Verdadeiro não exclui nada, nem ninguém.

Porém, observemos um pouco da dinâmica de nosso dia a dia. Em um dia acordamos felizes, e assim acreditamos que podemos amar e espalhar esse amor para tudo e para todos, sem exceções. Então, uma situação inesperada acontece, alguém nos surpreende, e ficamos profundamente irritados, e esse sentimento amoroso vai gradualmente mudando, e já não estamos tão dispostos assim a amar a todos. O dia continua, e situações difíceis no trabalho, na família, na universidade, no trânsito, em nossa vida cotidiana, aparecem uma após a outra. Contra nosso propósito inicial, discutimos com aqueles que nos são mais próximos como, amigos, familiares, pais, parceiros e colegas de trabalho. Com uma pitada de azar, no final do dia somos presenteados com uma chuva inesperada, e retornarmos aos nossos lares convictos de que o mundo é um lugar onde tudo está errado, e que nada merece nosso respeito ou consideração, para não dizer nosso amor.

O que aconteceu? Para onde foi todo o nosso amor, o qual estávamos tão convencidos de que deveríamos espalhar pelo mundo afora? Ao longo dos dias, quantos dentre nós não acumulam mágoas de pessoas as quais acreditávamos amar e que hoje, sequer conseguimos olhar? Pessoas que às vezes toleramos, dizendo e fazendo coisas sem um real sentimento ou sinceridade, apenas para não desagradá-las? Porque fazemos isso?

Apesar de todas as justificativas que possamos usar para convencer-nos de que isso faz parte da vida, e que o mundo nos leva a esse tipo de atitude, façamos um esforço para sermos sinceros, e respondamos a nós mesmos: será essa a atitude de alguém que trilha um verdadeiro caminho espiritual? De alguém que tem o elevado objetivo de um dia tornar-se o próprio Amor?

Mas, caro leitor, não se sinta assim tão mal consigo mesmo, pois é impossível para você e também para qualquer pessoa, em quem o 2º Raio do Espírito ainda não fez morada permanente em seu sistema de vida, experimentar e vivenciar esse Amor Real e Incondicional.

A razão para isso, é porque os seres humanos, em seu atual estado de vida egocêntrico, vivem apenas de um mero reflexo do verdadeiro Amor, manifestando-o de maneira distorcida, como que em uma oitava inferior. Portanto, é fundamental que compreendamos que, nessa situação, aquilo que chamamos de amor baseia-se nas forças que circulam atualmente em nosso corpo astral, e por isso o amor que sentimos tem o comportamento tão volátil de um sentimento, inconstante e fugaz.

O corpo astral dos seres humanos em geral poderia ser descrito com precisão como uma verdadeira montanha russa, porque ele apresenta toda a volatilidade, inconstância e imprevisibilidade de todas as forças astrais que circulam dentro e fora de nós, de maneira incontrolável.

É por isto que em algumas vezes estamos felizes, em outras, tristes, em algumas outras, amamos apaixonadamente, e em outras odiamos com a mesma intensidade. O que precisamos reconhecer, com serenidade e sobriedade, é que enquanto a base de nosso amor estiver no corpo astral, não poderá ser diferente.

Talvez agora possamos compreender melhor as belas e profundas palavras de Rumi citadas no início deste capítulo:

"Sua tarefa não é buscar o Amor, mas simplesmente buscar e encontrar dentro de si mesmo todas as barreiras que você construiu contra ele."

Portanto, não devemos buscar o Amor, até porque ele não pode ser encontrado dessa maneira, ou seja, como nos encontramos agora, mas sim, concentrar todos os nossos esforços, para buscar e encontrar dentro de nós mesmos as barreiras que construímos contra ele.

Assim, gostaríamos de fazer-lhe um convite agora. Olhe para dentro de você e perceba agora todas as barreiras contra o Amor que existem em seu ser, e que foram construídas com os tijolos e a argamassa de seu próprio egoísmo. O egoísmo é a fonte única de todas essas incontáveis barreiras, é o egoísmo que nos separa do verdadeiro Amor, do toque do 2º Raio do Espírito que tem a missão de nos fazer compreender e cooperar para que o Princípio Universal latente se manifeste em nós, em nossos semelhantes, e, por consequência, em todo o mundo.

Enquanto nossa vida estiver centrada em nosso corpo astral ainda não transformado, que em nosso estado de consciência egocêntrico seria melhor chamar pelo nome de corpo de desejos, porque em uma hora quer uma coisa, e no momento seguinte deseja exatamente o seu oposto, precisamos reconhecer que nossos esforços para trilhar um caminho espiritual não terão nenhum resultado prático e verdadeiro. Seremos como uma criança brincando de faz de conta e, no final da vida, seremos obrigados a reconhecer que brincamos de viver, e que não vivemos realmente.

Não existe uma maneira mais suave de dizer essas coisas. Principalmente para aquele que busca seriamente a verdade, pois tal ser humano não precisa de rodeios, nem mesmo de meias palavras ou meias verdades. Quem busca a verdade, com todo o seu ser, precisa fazer algo de prático, não amanhã, não em um futuro imaginário, que talvez nem tenhamos a oportunidade de viver, mas sim no único tempo que existe e o qual se encontra à nossa disposição: agora!

O que pode ser feito de prático, agora? Em primeiro lugar, reconheça todos esses aspectos em você mesmo. Sem desculpas, sem justificativas. Percebe o quanto você ainda é dominado pelos seus desejos sem fim? Percebe como ainda busca um caminho espiritual, e uma transformação espiritual, somente naqueles momentos em que procura um refúgio, como se fosse um oásis para um peregrino desesperado pela sede no deserto da vida, ou como um náufrago buscando uma tábua de salvação?

Nesses momentos consumimos as prateleiras dos livros de auto-ajuda, ou então buscamos alguma solução instantânea ou mirabolante, um guru iluminado, uma fonte externa de paz e segurança. Nesses momentos tornamo-nos religiosos, piedosos, sim, convenientemente piedosos. Contudo, quando a sede e o aparente naufrágio se afastam um pouco, não voltamos correndo para a montanha russa de nosso corpo astral, e ansiamos pelas fortes sensações que suas subidas e descidas nos proporcionam, em suas incontáveis reviravoltas. E então ficamos enjoados de novo, e mais uma vez os joelhos se dobram e as mãos se juntam.

Mas, reconheçamos, seria este um caminho espiritual verdadeiro? Vivendo dessa forma, existe alguma base para uma mudança real de nossa consciência e de nossa vida? Vivendo assim, estaremos tratando nossa busca pela verdade como também tratamos nossos melhores momentos na vida moderna. Postamos nossas melhores fotos, encontramos as melhores frases de efeito, e aguardamos a chuva de "curtidas" em nossos perfis das redes sociais. E quantos comentários recebemos, não é? "Tocante", "Edificante", "Gratificante".

Sim, tudo isso é lindo, mas do ponto de vista de verdade, da busca da verdade, e da transformação efetiva da vida, isso é inútil. De forma alguma criticamos o valor que as redes sociais nos proporcionam nos dias de hoje. Sem elas, possivelmente você sequer estaria lendo este livro. Este livro, contudo, destina-se aos buscadores sérios da verdade. Àqueles que desejam pagar o preço de trilhar um caminho espiritual verdadeiro. É para esses buscadores que afirmamos: a única maneira de ser tocado pelo 2º Raio do Espírito, pelo Raio do Amor, é remover os obstáculos interiores que se encontram dentro de nós.

O caminho proposto pela Escola Espiritual para a remoção desses obstáculos é um processo, uma transformação gradual pela qual o ser humano precisa passar, caso ele deseje tornar realidade em si mesmo a promessa do Princípio Universal, do Ser Absoluto, do núcleo de seu ser.

Este caminho começa pelo auto-conhecimento. Mas não se trata aqui de um auto-conhecimento onde o "eu" torna-se um especialista nas voltas e reviravoltas de seu labirinto pessoal. O efeito disso seria que nos tornaríamos especialistas em nosso próprio egoísmo, e não a libertação do egoísmo e de suas barreiras.

O auto-conhecimento, o primeiro aspecto do caminho proposto pela Escola Espiritual, é o reconhecimento de nosso mundo interior, de cada caminho e descaminho, utilizando a luz da lâmpada da consciência central, da Centelha do Ser Absoluto, do Princípio Universal como única base possível.

Nessa luz podemos reconhecer se aquilo que pensamos ser luz em nós mesmos, em realidade não são trevas. Nessa luz recobramos, gradualmente, e mediante um grande esforço interior, nossa lucidez, nossa sobriedade em relação a nós mesmos. Recobramos um grau mínimo de objetividade em meio ao mar de subjetividade em que vivemos imersos. É essa lucidez, que brota da ligação de nossa consciência com o Princípio Universal em nosso ser, que nos permite desvendar nosso labirinto, e reencontrar a saída. Nosso labirinto é feito de muros muito sutis, ele é feito de pensamentos, de desejos e de ações, as quais acreditamos que fazem parte de nosso ser, assim como o criança recém-nascida pensa que as faixas que a envolvem fazem parte de seu corpo.

A realidade, que cada buscador sincero da verdade precisa descobrir por si mesmo, é a de que somos pensados e sentidos, e que nossas ações não passam, em grande medida, de reações cegas e automáticas. Tratam-se de verdadeiros mecanismos repetitivos, que nos levam a subir e a descer na montanha russa de nosso corpo astral, e que nos deixam completamente cheios dessa náusea de reconhecer a total falta de sentido na vida que vivemos.

Precisamos nos libertar da ilusão de que vivemos. Para então, desmascarar esses infinitos automatismos e condicionamentos, libertarmos e reequilibrarmos o triângulo de nossa consciência, o triângulo de nossa alma, formado pelo nosso pensar, desejar e querer.

É essa liberdade real da alma que constitui o segundo aspecto do caminho proposto pela Escola Espiritual, e também é a base para o desenvolvimento posterior de uma consciência e de uma vida realmente livres do egoísmo. Esse é o caminho da demolição das barreiras de nosso egoísmo, das barreiras que nos afastam do único e verdadeiro Amor, dessa Força Universal que se manifesta através do 2º Raio do Espírito.

Porém, caro leitor, precisamos dizer-lhe com toda a sinceridade, que esse caminho não é possível se ele não for a meta principal de toda uma vida. Não são com esforços parciais, com um interesse superficial, nem mesmo com boas intenções que se pode trilhar um caminho assim. São esses meios-esforços e boas intenções que nos fazem dizer: gostaria tanto de colocar tudo isso como a coisa mais importante de minha vida, mas não tenho tempo, não acho que o consiga, talvez ainda não seja digno disso.

Talvez isso soe até razoável, mas, em essência, não passam de desculpas e de auto-engano. Em essência um caminho espiritual verdadeiro, e sobretudo nos dias de hoje, jamais pedirá a um ser humano que dê as costas às suas reais obrigações e deveres. Muito pelo contrário, esse caminho mostrará ao ser humano que é somente quando ele integra todos os papéis de sua vida, quando ele não abandona nada em sua vida, mas quando ele coloca o Único Real e Necessário, em primeiro lugar, que tudo ganha clareza e ordem, que, em essência, tudo se torna possível.

Diante disso, muitos grandes do Espírito, quando

perguntados no passado sobre o que era preciso para trilhar tal caminho, respondiam diretamente: tudo ou nada! Sem esse tudo ou nada, o tudo ou nada de colocar o caminho como o objetivo interior único da vida, sucumbiremos nas areias do deserto deste mundo e perderemos nossa vida no sobe e desce da montanha russa de nossos desejos, tentando desesperadamente dar a essa inconstância infinita o sagrado nome do Amor.

Aquele que tiver a coragem de colocar o caminho que o levará à liberdade como o ponto central de toda a sua vida, certamente compreenderá o que estamos dizendo. Todos aqueles que trilharam e trilham esse caminho passaram e passam pelas mesmas experiências.

São os nossos votos de que todos aqueles que realmente anseiam por este caminho, façam um esforço verdadeiro para remover os obstáculos dentro de si mesmos, para que o 2º. Raio do Espírito possa tocá-los e assim , permitir o nascimento de uma nova compreensão em todos eles. Uma nova compreensão com base em uma nova atividade do santuário do coração e da cabeça. A compreensão que é a chave para o Verdadeiro Amor.

A esses buscadores da verdade, dirigimos estas palavras no final deste capítulo:

Trabalhe com afinco no auto-conhecimento e na transformação de seu pensar, sentir e agir. Liberte-se do giro infinito da montanha russa de seu corpo de desejos.

Viva de uma maneira inteligente e consciente, de modo que sua vida possa ser um exemplo de suas palavras daquilo que acredita.

Desta forma, que a Força Universal do Verdadeiro Amor possa preencher a segunda câmara de seu coração etérico, que esta força possa também irradiar de sua cabeça como uma nova compreensão, para que sua vida, possa finalmente ser um testemunho de suas palavras, um testemunho de Amor.

Capítulo 3 - Inteligência

"A mente é o grande assassino do Real.
Que o discípulo mate o assassino".
Helena P. Blavatsky - "A Voz do Silêncio"

Escolhemos essa frase do livro "A Voz do Silêncio" da Sra. Blavatsky para iniciar este capítulo dedicado ao 3º Raio do Espírito Sétuplo, que deve preencher a terceira câmara do coração etérico, para já no início elucidar que a Inteligência que o 3º Raio traz ao discípulo no caminho não tem relação alguma com aquilo que chamamos de inteligência comum, ou também da nossa mente. Por isso "A Voz do Silêncio" diz de maneira tão clara: A mente é o grande assassino do Real.

O 3º Raio também é chamado de Raio da Inteligência Absoluta ou Inteligência Criadora.

Aquilo que conhecemos e acreditamos comumente ser inteligência, em realidade, é o assassino do real e verdadeiro.

Sabemos que em nosso mundo, as pessoas dotadas de uma grande capacidade intelectual, as pessoas que dedicaram suas vidas à erudição e à cultura, normalmente também são chamadas e reconhecidas como muito inteligentes. Por exemplo, quantas vezes não ouvimos ou proferimos comentários a respeito da inteligência de outrem correlacionando-a à sua profissão, à sua formação acadêmica, à sua produção literária ou artística?

Quando nos referimos a uma capacidade intelectual privilegiada, estaremos corretos, nos termos que acabamos de mencionar. Porém, em relação ao que estamos tentando transmitir como a nova capacidade relacionada à Força Universal do 3º Raio do Espírito, então, também é certo afirmar que a Inteligência Criadora não tem relação direta com nossa capacidade intelectual. Mesmo uma análise simples, mas sóbria, sobre os limites da inteligência comum, reconhecerá que a faculdade intelectual comum muitas vezes não é capaz de prover respostas às incontáveis situações práticas do dia-a-dia, nas quais seu arcabouço teórico não encontra aplicação concreta. Apenas isto já deveria ser capaz de indicar-nos os limites da capacidade intelectual comum, diante de uma visão mais ampla do que deveria ser a Inteligência Criadora.

Portanto, do que trata-se a Inteligência Criadora como faculdade do 3º Raio do Espírito?

Em um texto da Escola Espiritual encontramos a seguinte definição:

"Inteligência é a soma de tudo o que foi realizado em nós através dos tempos e que assim deve se manifestar".

Quando o 1º e o 2º Raios do Espírito, respectivamente, a Vontade e o Amor, preenchem as duas primeiras câmaras do coração etérico, e assim tornam-se também capazes de penetrar nos dois primeiros centros energéticos no santuário da cabeça, os chacras coronário e frontal, então eles também modificam diretamente a atividade dos hemisférios de nosso cérebro, o esquerdo e o direito, que também deverão manifestar uma nova atividade fundamentada em uma Nova Vontade e em uma Nova Compreensão, com base no Amor Absoluto.

O resultado dessa dupla atividade, tanto no coração como na cabeça, é a síntese de uma nova faculdade criadora, a qual chamamos de Inteligência Criadora, que é manifestada pela atividade do 3º Raio do Espírito.

A Nova Inteligência encontra seu ponto de apoio nos centros de criadores do santuário da cabeça, e une o impulso recebido do 1º e 2º Raios, à faculdade manifestada pelo 3º Raio.

Assim, com a ação conjunta dos três primeiros Raios, os três chacras do santuário da cabeça, o Coronário, o Frontal e o Laríngeo, bem como as correspondentes glândulas de secreção interna a eles ligadas, Pineal, Hipófise e Tireóide, passam a funcionar de uma maneira totalmente nova. A partir desse momento, podemos falar do nascimento de uma Nova Consciência e de uma Nova Faculdade Criadora. Porém, essa Nova Consciência não se manifesta de uma só vez, mas sim gradualmente. Por essa razão é que na Escola falamos de um processo orgânico, do nascimento e do crescimento dessa Nova Consciência, ou Nova Alma.

O 3º Raio do Espírito também está diretamente relacionado à visão, à visão interior, que se manifesta de dentro para fora e permite a recriação de toda a realidade de vida. Por essa razão, podemos ler no Apocalipse, que João, o protótipo do discípulo no processo de transformação interior, em um dado momento pôde *ver* "um novo Céu e uma nova Terra".

Quando analisamos o texto do Apocalipse, podemos reconhecer com clareza o símbolo do Espírito Sétuplo com seus Raios, no Anjo com as sete estrelas em sua destra. E, à medida em que João, o protótipo do discípulo no caminho, prossegue em seu processo, o 3º Raio preenche o seu coração etérico, e também os centros de seu santuário da cabeça. Assim, por essa influência ele *vê*, isto é, ele percebe e vivencia conscientemente as atividades dos dois primeiros Raios que também já atuam em seu ser: A Vontade e o Amor.

"Um Novo Céu e uma Nova Terra" também significam aqui a união do impulso do Raio da Vontade, a nova força de ideação, e da compreensão com base no rio do Amor, uma nova força de geração, que se fundem tornando-se uma nova realidade, em constante criação e manifestação.

Outro aspecto importante, é entendermos que o corpo mental humano deveria ser formado por duas partes, uma parte relativa ao pensamento concreto e outra ao pensamento abstrato. Na Escola Espiritual, e também no Ensinamento Universal, aprendemos que o corpo mental do ser humano, no estágio em que nos encontramos agora, em nossa manifestação, ainda não está completo. Com isso, queremos indicar que o ser humano possui apenas a primeira metade, relativa ao corpo mental concreto, e para muitos, ainda em processo de formação.

Portanto, a grande maioria da humanidade não possui ainda a segunda metade do corpo mental, aquela que deverá dar corpo e base para o pensamento abstrato consciente, pois esse corpo deverá ser formado pela cooperação entre o Núcleo do Ser Absoluto no imo do ser humano, e pela entrada do 3º Raio do Espírito no Santuário da Cabeça.

Muitas pessoas possuem alguns lampejos do pensamento abstrato, que chegam até nós como relâmpagos, como imagens de um pensamento vivente e completo. Esses lampejos distinguem-se claramente da grande quantidade de imagens pensamento que circulam pelo corpo mental concreto, que caracterizam-se por serem de natureza material e fragmentada. Esses impulsos testemunham de uma inteligência latente, de uma inteligência intuitiva que de tempos em tempos brota como que uma síntese instantânea de tudo aquilo que está gravado nos campos magnéticos do microcosmo em que habitamos como seres humanos.

Contudo, isso também demonstra que essa faculdade intuitiva receptiva é apenas uma pálida imagem do que deveria ser a verdadeira Inteligência Superior, quando o corpo mental abstrato estivesse finalmente construído e em plena atividade. Muito já se tentou no sentido de desenvolver essa atividade do pensamento superior, da Inteligência Superior do corpo mental abstrato, através de treino e de exercícios que utilizam como base a capacidade do pensamento comum, ainda que levada até os seus limites.

Ocorre que, o resultado de tudo isso, isto é, de uma tentativa de desenvolver as capacidades ocultas do pensamento superior, da tão propalada parte ainda não utilizada de nosso cérebro, sem a força imprescindível do 3º Raio do Espírito Sétuplo, sempre produzirá apenas uma réplica mais desenvolvida do próprio pensamento concreto, ligado e controlado pela consciência egocêntrica, e nunca a nova e livre faculdade do Pensamento Superior.

Um exemplo simples talvez possa nos ajudar a compreender isso melhor. Já dissemos que todo o nosso pensar baseia-se no corpo mental concreto, e nas imagens pensamento que nele circulam. Nesse sentido, podemos imaginar facilmente uma cadeira, porque nossa mente já armazenou sua imagem mental, apesar de que, cada um de nós, seguramente imaginará uma cadeira bastante diferente dos demais. Porém, se agora, de surpresa, pedirmos a um grupo de pessoas que imaginem um objeto fictício, utilizando uma palavra sem sentido, e que não consta sequer das listas dos robôs de busca, como por exemplo, um "sbrovisky", com certeza elas ficariam sem elementos de construção mental, e tentariam "criar" uma imagem a partir dos elementos, dos pequenos blocos de montagem e de conceitos mentais dos quais dispomos armazenados na caixa de ferramentas de nosso corpo mental concreto.

O mesmo ocorre em relação ao mundo do pensamento abstrato. Para o pensamento concreto e material, e que portanto também é controlado por nossa consciência egocêntrica, o mundo do pensamento abstrato é algo tão inimaginável quanto uma palavra fictícia. Por esta razão, seria tão infantil tentar capturar, abarcar ou mesmo reter os conceitos do mundo do pensamento superior, que se encontram além do véu da percepção da consciência-eu, com os aparelhos e instrumentos próprios desse estado de consciência eu-centralizado. Nossas conclusões teriam o mesmo valor prático que uma palavra inexistente. Em realidade, a transformação que deve ocorrer através de um caminho espiritual é exatamente o contrário disso.

Como dissemos, nosso impulso inato é o de agarrar todas as imagens, mesmo aquelas que estão claramente além de nossa capacidade cognitiva, mediante nosso raciocínio material, nosso corpo mental concreto, e assim tentamos desenvolver nossa faculdade do pensamento, da Inteligência Superior.

Dessa forma, tentamos manifestar o superior pelo desenvolvimento do inferior.

Como já vimos, isso é impossível. O verdadeiro desenvolvimento orgânico superior, entretanto, deve partir do superior, que transforma assim o inferior. Portanto, é o corpo mental abstrato que terá condições de inspirar e vivificar o corpo mental concreto, transmitindo-lhe a capacidade de "refletir" a imagem original, a imagem vivente do mundo do Espírito, como um reflexo que seja compreensível no mundo material.

No Ensinamento Universal aprendemos que o éter, ou seja, a combinação de matéria e energia, utilizada pelo corpo mental concreto é chamada de éter refletor, ou seja, uma substância extremamente sutil e plástica que tem a capacidade de criar uma imagem estática do pensamento superior.

Por sua vez, o pensamento superior trabalha mediante uma substância ainda mais sutil, chamada de éter de fogo, ou éter da Alma, o que indica um tipo de substância vivente, que carrega em si não somente imagens estáticas, mas imagens multidimensionais, verdadeiros arquétipos viventes.

É por isso que se diz que o pensamento abstrato é a ponte, o elo que nos falta, entre o mundo do Espírito e o mundo humano, pois ele consegue captar e trazer até a consciência humana as imagens dos próprios arquétipos divinos, que podem ser então transmitidas, comunicadas e impressas no éter refletor do corpo mental concreto. Por esse meio, a Inteligência Superior guia e orienta a inteligência material, que, quando for realmente colocada em prática, mediante a vida, poderá converter-se, como veremos mais tarde, no quinto capítulo, em uma verdadeira sabedoria.

A esta altura, talvez, você deva estar se questionando qual a razão de trazermos essas ideias neste capítulo, e qual sua relação com nossa vida prática, e, acima de tudo com o processo da transformação fundamental da consciência e da vida.

Em primeiro lugar, queríamos demonstrar que a posse ou não de um intelecto privilegiado não possui correlação direta com a possibilidade de trilhar de um caminho espiritual.

Em segundo lugar, também tínhamos em mente demonstrar que o treino das faculdades intelectuais, às quais damos o nome genérico de pensamento concreto, não é algo que nos permita ultrapassar as fronteiras de nossa própria consciência-eu, pois isso seria como que ficar girando em um gigantesco labirinto de espelhos, perdidos de uma imagem a outra, acreditando piamente, ora nessa, ora naquela, como se fossem uma saída verdadeira, quando em realidade, não passam de imagens ilusórias.

Cremos que, ao longo desse capítulo, já tenhamos tido a oportunidade de apresentar alguns elementos de reflexão a esse respeito. Porém, existe, mais uma grande armadilha, para todo aquele que tenta trilhar um caminho espiritual, para um sincero buscador da verdade. Trata-se do perigo de encantar-se, e mesmo de perder-se, com o acúmulo de conhecimentos esotéricos.

O mundo esotérico é um verdadeiro mar acadêmico. Ele é praticamente infinito, tanto em extensão, quanto em profundidade. Podemos passar vidas inteiras, mergulhados e maravilhados em suas imagens, símbolos, mistérios, conceitos, visões e perspectivas.

Sem dúvida, o conhecimento esotérico, o conhecimento da realidade interior, tem um valor incalculável para a humanidade, principalmente para a humanidade ocidental, que hoje talvez viva um dos períodos de maior densidade material de seu pensamento. O conhecimento esotérico funciona como um contrapeso, equilibrando a balança do pensamento e da mente humana, e impedindo, especialmente em nosso caso, que naufraguemos no total materialismo de nosso pensamento concreto.

Portanto, caro leitor, em terceiro lugar, alertamos que o risco do acúmulo de conhecimentos esotéricos não utilizados é um dos fatores mais paralisantes no caminho espiritual. Porque a única utilidade de todo o ensinamento que os Grandes do Espírito revelaram é que ele seja colocado em prática. Um ensinamento libertador, quando não é colocado em prática, converte-se em uma sentença para aquele que o conhece e que não o pratica.

Eis por que as Escolas Espirituais de todos os tempos sempre foram muito prudentes em relação ao que revelavam, não por que quisessem revestir-se de um véu de mistério, mas por que aquilo que é revelado e que não é transmutado, ao invés de libertar, agrilhoa.

Concluímos este capítulo com uma breve reflexão sobre o caráter prático da Verdadeira Inteligência. Vivemos em um mundo que estimula as pessoas a se distanciarem cada vez mais da vida real. Não falamos aqui somente do aspecto extremamente acelerado da vida, da problemática moderna, dos costumes que diminuíram o contato e o relacionamento entre as pessoas, mas também da incrível velocidade com que a mente humana se concentra cada vez mais nos mundos virtuais.

São muitas as pessoas que praticamente vivem isoladas em suas mentes, em um aparente e contínuo diálogo virtual com os outros, mas, em realidade, em uma concentração cada vez maior de seu pensamento em um diálogo interno, na construção de uma realidade virtual individual, de uma imagem de si mesmos, como se sua mente pudesse habitar apenas nessa realidade virtual, e prescindir de sua existência física. Passam a impressão de que estariam felizes se seus pensamentos pudessem ganhar asas, abandonando o pesado fardo de seu corpo material, concentrando-se apenas nas esferas da existência virtual.

Dessa forma, o ser humano moderno, encantado com a disponibilidade sem precedentes de todo o tipo de informação, corre o risco de esquecer-se de que seu corpo material e seus veículos energéticos formam um laboratório alquímico perfeitamente construído, dotado de uma grande inteligência em si mesmo, e que ele não pode prescindir desse laboratório caso aspire a uma verdadeira transformação de sua consciência, que somente é possível mediante a transformação de sua vida, concreta e orgânica.

Em nossos dias, testemunhamos uma crescente falta de cuidado com o sono e com uma alimentação saudável, bem como a utilização de substâncias nocivas à saúde, e também daquelas que alteram o funcionamento da consciência e do metabolismo. Tudo isso são provas de que, nesse momento, a mentalidade do ser humano ocidental talvez tenha atingido o cume de seu desenvolvimento material. Desta forma, as palavras da Sra. Blavatsky ganham um duplo sentido, muito importante para todos nós.

Pois a mente concreta e extremamente materializada do homem ocidental não somente tornou-se a assassina do Real, no sentido superior da palavra, mas também pode tornar-se a assassina da vida real, da existência material e do aparelho orgânico humano, em sua função de um sofisticado vaso de mistura do Espírito e da matéria, como um laboratório orgânico imprescindível para a transmutação alquímica da consciência e da vida.

A Inteligência Criadora, manifestada pela ação do 3º Raio do Espírito no ser humano, é o primeiro grande poder de síntese que nele pode se manifestar, pois traz a imagem do Arquétipo Universal no ser humano, e também a clareza da compreensão interior do Propósito Universal da existência. Com base nessa imagem vivente e nessa nova faculdade de compreensão, o ser humano pode então voltar-se para a realidade concreta de sua vida, e iniciar o processo da transformação estrutural.

Porém, essa transformação jamais será algo teórico, ou uma projeção de nossa mente comum, e sim algo que demandará a colaboração consciente de todo o nosso ser, pois, como nos diz o ensinamento da Escola Espiritual:

Somente podemos proferir a Palavra Libertadora,
com a efetiva oblação do não ser.
Não devemos desejar, querer, imaginar ou imitar essa oblação.
Mas, silenciosamente, seguir a Voz da Nova Faculdade da Alma.

Devemos seguir essa Luz dessa Divina Intuição da Alma.

Essa Luz não fala ao nosso eu, mas apela à nossa Inteligência. E Inteligência é a soma de tudo o que os séculos realizaram em nós.

Capítulo 4 - Harmonia

"Então viu Arjuna, nos dois exércitos, homens ligados a ele pelos vínculos do sangue: pais, avós, mestres, primos, filhos, netos, sogros, colegas e outros amigos - todos armados em guerra contra ele.
Com o coração dilacerado de dor e profundamente condoído, assim falou ele:
Ó Krishna! Ao reconhecer como meus parentes todos esses homens, que devo matar, sinto os meus membros paralisados, a língua ressequida no paladar, o coração a tremer e os cabelos eriçados na cabeça... Falha a força do meu braço... Cai-me por terra o arco...
Não, Krishna, não quero vencer.
Assim dizendo, em pleno campo de batalha, deixou-se Arjuna tombar no assento da carruagem, e das mãos lhe caíram arco e flechas, porque trazia o coração repleto de amargura.
E Krishna responde:
Neste momento decisivo, ó Arjuna, por que te entregas a semelhante desânimo, indigno de um guerreiro e que te fecha os céus?
Não cedas à fraqueza, que de nada serve. Enche-te de coragem contra teus inimigos e sê o que realmente és!
De mais a mais, visando o teu próprio dever, não vaciles, porquanto, para um príncipe da classe dos guerreiros, nada é superior à uma guerra justa.
Mas, se você se negar a cumprir o seu dever de combater nesta luta, incorrerá em pecado e perderá para sempre sua fama de guerreiro.
Lute apenas por lutar sem pensar em perda ou ganho, em alegria ou tristeza, em vitória ou em derrota, pois, agindo desse modo, você nunca pecará".

Bhagavad Gita

Escolhemos esse trecho do Bhagavad Gita para começar nossa reflexão sobre o 4º Raio do Espírito que deve preencher a quarta câmara do coração etérico: a Harmonia Absoluta.

Talvez o leitor, após ler esta citação esteja se perguntando, como é possível falar de harmonia através de uma luta, de um combate?

A resposta a essa pergunta sempre surpreende muitas pessoas: pois a Harmonia Absoluta, que deve surgir como consequência da atuação do 4º Raio do Espírito somente pode ser alcançada através de um combate muito particular, assim como o está descrito no Bhagavad Gita.

Pois a Harmonia que é trazida pelo 4º Raio não possui relação alguma com tranquilidade, ou como muitos imaginam, ou mesmo fantasiam, com uma paz perfeita e imaginária, onde nos livramos da dura realidade da vida, algo como a clássica imagem de um céu com nuvens, anjos e harpas.

Pensar em harmonia sempre suscita esses clichês, com imagens-pensamento extremamente irrealistas, projeções de uma calma inatingível, e uma sensação suprema de paz. Contudo, caro leitor, mesmo no mundo exterior isso está longe de ser harmonia. No mundo árido e ávido em que vivemos, o custo de uns poucos momentos de harmonia, bem estar e tranquilidade para alguns, normalmente é pago por muitos outros que são chamados a travar a batalha em nosso lugar, enquanto nos desligamos temporariamente da luta.

As sociedades divididas em castas, e mesmo a desigualdade social nos dá uma imagem bem clara de como as bases dessa harmonia são ilusórias, injustas e, portanto, também insustentáveis. Então, diante de tudo isso, o que é Harmonia no sentido do 4º Raio do Espírito?

Harmonia é luta! Harmonia é o produto de uma luta, de uma batalha muito particular. Trata-se da luta da Nova Alma contra o eu e seus "parentes", como nos indica a alegoria tão bela do Bhagavad Gita, a qual citamos no início deste capítulo.

A chave agora encontra-se em entender com clareza os diferentes elementos e personagens dessa batalha interior. Vemos as figuras de Krishna, de Arjuna em seu carro, e das hostes de guerreiros, todos eles ligados a Arjuna pelos laços do sangue e da amizade. Krishna representa o Núcleo Vivente do Microcosmo Humano, a Centelha do Princípio Universal, o ponto imóvel de onde brota a energia infinita dos Sete Raios do Espírito, que devem gradativamente tomar forma e corpo, transformando toda a vida do ser humano.

Arjuna, o guerreiro em seu carro, representa a Consciência Humana, o Núcleo da Alma Humana, que encontra-se na câmara central do coração etérico, o núcleo da auto-consciência, que despertou para a existência e para a presença do Ser Absoluto em si mesmo. A Consciência Humana é representada pela figura de um guerreiro porque, no campo de batalha da vida, ela se acha à frente de incontáveis forças, e tem sob seu comando direto todas as faculdades criadoras humanas, representadas por seu carro de guerra.

As figuras de Krishna e Arjuna, tão arquetípicas, afloram em seu claro significado simbólico diante de nosso olhar interior, mediante a intuição de nossa alma. Porém, o ponto sobre o qual normalmente ainda não possuímos tanta clareza de compreensão está relacionado às hostes de guerreiros ligados a Arjuna, e que se encontram divididos em duas facções, em duas polaridades no momento da batalha.

Sabemos que a consciência-eu humana é extremamente complexa e intrincada, e que é composta por inúmeros aspectos, que se interconectam em uma mútua correlação. Dessa forma, a consciência-eu, ou dito de maneira direta, o "eu" humano, é um composto de verdadeiras "hostes" de pensamentos, sentimentos, reações, desejos e vontades.

Essas "hostes" de seres, pois cada um desses aspectos é um ser elemental desta natureza que possui vida própria, agrupam-se por afinidade vibratória, e literalmente circulam pelo campo de respiração, pelo campo energético que circunda o ser humano, como se fossem verdadeiras legiões cruzando um campo de batalha de um lado para o outro. Eles representam nosso tipo humano básico, formado por tudo aquilo que herdamos de nossos pais e de toda a humanidade. Somos portanto uma síntese de toda a experiência evolutiva da vida na terra, que vive, integralmente em nosso ser.

Também somos o produto das vidas passadas do microcosmo, do ser eterno dentro do qual habitamos no curto intervalo de nossa vida. Nas paredes do microcosmo estão gravadas, assim como nos sarcófagos dos antigos faraós, todos os fatos das vidas dos seres humanos que nos precederam, e que também tiveram a oportunidade de viver durante uma única vez no microcosmo, nesse micro-universo dentro do qual habitamos hoje.

A soma dessas vivências, gravadas a fogo pela intensidade de cada experiência vivida, é que chamamos de karma, que forma como que a paisagem, o terreno sobre o qual se desenrola a batalha interior e que também define sua dinâmica.

Caro leitor, mais importante do que saber tudo isso, é qual atitude tomaremos interiormente quando nos dermos conta da constituição de nosso mundo interior. Na narrativa do Bhagavad Gita, vemos como mesmo Arjuna, o mais valoroso dos guerreiros, fraquejou diante da necessidade de combater seus parentes. Em outras palavras, a reação quase inata da alma humana, com base naquilo que psicologicamente chamaríamos de um processo de identificação, é justamente o contrário disso. A alma, a consciência humana, acredita firmemente que ela e seus pensamentos, sentimentos e reações são uma única identidade. Ela está assim identificada aos seus pensamentos, sentimentos e reações, e acredita que eles são o seu próprio ser, que ela é o que pensa, sente, e também o modo como reage.

Portanto, como poderíamos travar uma batalha contra eles? Não estaríamos assim matando nossa própria identidade? E assim, paralisados por esse processo de identificação, toda a nossa energia e nosso ânimo no sentido de trilhar um caminho espiritual desaparecem e, como Arjuna, ficamos prostrados diante de uma aparente impossibilidade, de uma ilusão auto-criada. Sim, sucumbimos, diariamente, segundo após segundo, pois preferimos sucumbir, isto é, desistir de um caminho interior do que enfrentar nossas próprias criações, e auto-ilusões de identidade.

Sem cessar, o buscador sincero da verdade, movido por seu anelo interior, é instigado, impulsionado a seguir adiante, e a irromper através do caminho espiritual que poderia transformar todo o seu ser. Mas, quantos não sucumbem, e consternados, prostrados, dão as costas a esse caminho pela ilusão aterradora de confrontarem seu próprio ser?

Muitos desses buscadores, utilizam então a conveniente, mas totalmente incorreta interpretação do que seja a não-ação, do que seja um caminho de não-luta, de não conflito, portanto, de uma harmonia idealizada. Eles dão as costas ao caminho espiritual e tentam harmonizar-se com a vida, com a natureza e suas circunstâncias. Mas, descobrirão eventualmente que a busca da verdade não se trata de uma escolha da consciência-eu. Ninguém escolhe, em um belo dia, inquietar-se profundamente com a vida e o mundo, e decidir assim partir para uma viagem interior que o tirará de sua zona de conforto, buscando encontrar novos horizontes interiormente. Ninguém escolhe tornar-se um estrangeiro no mundo. E um estrangeiro no mundo, por mais que o tente, não encontrará paz enquanto não descobrir a verdade em si mesmo. E para descobrir é preciso trilhar um caminho. E o caminho passa, necessariamente, pela batalha interior da alma.

Assim, durante anos, ou mesmo vidas, um buscador da verdade pode negar a senda, o caminho interior. Porém, o destino e o karma, como vetores de forças fiéis às constantes, à chave vibratória do ser humano, o atrairão novamente às circunstâncias que o colocarão exatamente no mesmo ponto, bem diante do único caminho.

Quando a consciência-alma do buscador tiver amadurecido suficientemente pelas experiências e mesmo pela sua tentativa de escapar da luta interior, ele não esperará mais que Krishna, o Ser Absoluto, tome seu lugar na carruagem de seu ser, e que lute a batalha interior em seu lugar. Nem esperará que ele remova a desarmonia do mundo e da vida, pois reconhecerá que a fonte de toda a desarmonia encontra-se dentro dele mesmo, e que por esta razão, deverá ser confrontada e vencida até suas causas mais profundas.

Quando o buscador torna-se então um verdadeiro aluno no caminho interior, nesse momento ele poderá iniciar sua luta. E essa luta deverá resolver o aparente conflito fundamental entre o "sagrado" e o "profano".

O 4º Raio do Espírito, o Raio da Harmonia através do conflito, é um Raio com características bastante particulares. Ele é o Raio que atinge o centro de nosso ser, e que de certa maneira deve ser o ponto de contato entre os três primeiros Raios e os três últimos. Portanto, sua tarefa é ser aquele que une e que realiza uma verdadeira síntese. Mas essa síntese, essa união apresenta um equilíbrio delicado, equilíbrio que só pode ser alcançado pelo conflito - a batalha interior da Nova Alma contra o eu e seus "parentes".

Muitos acreditam ainda, pelo condicionamento, pela cultura, ou mesmo pela religiosidade que, em seu próprio sistema de vida, tudo aquilo que está ligado ao coração e à cabeça é o sagrado, ou possa manifestá-lo, e que, por outro lado, tudo aquilo que está ligado ao santuário da vida, portanto às nossas atitudes e reações, é profano e deve ser evitado. Neste sentido, pensamentos elevados e sentimentos sublimes são sagrados e reações incontroláveis e egoístas são claramente profanas.

O que torna um ambiente sagrado ou profano não são as circunstâncias exteriores, mas sim a condição de alma de quem utiliza tal ambiente. Quantos casebres não são verdadeiros palácios? Quantos palácios não passam de pobres casebres?

Pense, caro leitor, nos mártires, nos ascetas, naqueles que se isolaram, tentando levar uma vida santa e elevada. A despeito desses esforços genuínos, sinceros e mesmo admiráveis, levaram consigo a fonte de tudo aquilo que quiseram evitar, pois levaram a si mesmos onde quer que estivessem.

O mesmo ocorre conosco, porém, em nosso caso, existe um agravante, que é o fato de não somente levarmos a causa de nossos conflitos, mas também que a fonte de nossas projeções de pensamentos elevados e sentimentos sublimes é a mesma matéria prima das reações que rejeitamos. Isto porque esses pensamentos são apenas um lado da questão, uma projeção arbitrária de nós mesmos, como se pudéssemos ser apenas luz sem sombras, como se a montanha de nosso ser fosse formada apenas pelo lado iluminado pelo sol.

Assim aprendemos, talvez depois de duras experiências e privações, que uma vida contemplativa, cuja fonte encontra-se na fuga de si mesmo, não pode nos levar muito longe de nós mesmos. Desta forma, vamos nos aproximando do verdadeiro mistério do 4º Raio do Espirito, o Raio da Harmonia absoluta, que é a missão de criar a síntese, a fusão, e portanto, o equilíbrio e a harmonia, entre o que está em cima e o que está embaixo.

Isto significa um trabalho conjunto dos três santuários, um trabalho conjunto do coração, da cabeça e da vida concreta. Se isso não acontecer, se o buscador que se tornou um verdadeiro aluno no caminho não aprender a transmutar os elementos de seu ser real, assim como simbolicamente um alquimista transmutava os metais pesados em ouro, os seus esforços, de fato, não passarão de uma teoria. Ele não ultrapassará a fronteira do conflito, ele se proporá, com toda a sua compreensão e o anelo mais sincero de seu coração, a avançar e a lutar, porém, como sua luta ainda não foi capaz de transmutar a realidade de seu santuário da vida, ele ficará estagnado e como não venceu o conflito, ele o projetará para fora de si. Como em uma gangorra, ele oscilará entre os extremos de um conflito interno de consciência e um conflito externo com tudo e todos.

O conflito interno de consciência está diretamente associado aos mecanismos de autovitimização, em que nos colocamos como mártires, e em relação ao trilhar do caminho espiritual, poderemos nutrir sentimentos inúteis de culpa, mas que ao mesmo tempo nos confortam. Iludidos, chegaríamos à conclusão errônea de que trilhar esse caminho é quase impossível, e que sofremos ao trilhá-lo, não seria esse um sinal de que estamos no caminho certo e de que nossos esforços valem a pena?

O conflito externo, em relação à tentativa de trilhar o caminho espiritual, manifestou-se sempre no antagonismo entre o indivíduo e as instituições, que sempre eram apenas uma imagem visível de uma manifestação do Ensinamento Universal. A Escola Espiritual verdadeira é sempre uma e única. Ela é a manifestação direta do Ensinamento Universal. Porém, no mundo em que nos encontramos, ela sempre precisa de uma instituição, de um grupo organizado, que possa servir de meio de contato.

E quantos não foram aqueles que, frustrados pela inutilidade de seus esforços, ao invés de atacarem a si mesmos realmente, dirigiram toda a sua fúria contra o aspecto visível do Ensinamento Universal que vinha até eles, atacando aquilo que suas mãos conseguiam agarrar e suas palavras atingir, as pessoas.

E qual seria a causa desses esforços terminarem dessa forma? Não se dispôs o buscador a lutar contra si mesmo? Não se dispôs a confrontar-se contra seus "parentes", os fantasmas que cobrem, como véus o seu Real Ser Interior, e removendo-os, poder unir-se perfeitamente a ele, pela transmutação de sua consciência e sua vida?

Sim, ao contrário daquele que recusou o combate, que tentou simular a harmonia, ou mesmo apagar em si a chama da busca para conformar-se consigo e com a realidade exterior fragmentada, esse buscador buscou o conflito da alma com as forças inconscientes de seu mundo interior. Porém, ele esqueceu-se de algo fundamental. Ele tentou vencer o eu pelo próprio eu. Ele, Arjuna, mesmo sendo um valoroso guerreiro, tentou lutar contra os milhões de outros guerreiros que o cercavam, sem que o Ser Absoluto, sem que Krishna estivesse em seu carro. Buscou lutar com base em seu entendimento, em suas boas intenções, na força de dogmas e de instituições, porém, faltou-lhe o essencial. Faltou-lhe o princípio, a ligação com o Ser Absoluto, faltou-lhe a ligação com os Sete Raios do Espírito, que deveriam já ter feito morada nele. Simbolicamente, faltou-lhe a presença de Krishna em seu carro de combate.

Por isto, as Escolas Espirituais de todos os tempos sempre apontaram que o buscador que se tornou um aluno no caminho jamais pode prescindir desse auxílio.

No início, esse auxílio chega até esse aluno mediante a soma de tudo aquilo que já foi transmutado por aqueles que realizaram e que até certo ponto venceram a batalha da alma contra o ser-eu do egoísmo em si mesmas. Estes esforços formam como que um campo, um campo de linhas de força, que podem tornar-se ativas, na medida em que nos ligamos verdadeiramente a elas.

À medida em que a alma prossegue em sua luta, apoiada nessa força impessoal, mas onipresente, Krishna manifesta-se em seu carro de combate, ou seja, o Ser Absoluto vai gradativamente tomando forma no ser desse aluno, através dos Sete Raios do Espírito.

Nunca se trata da influência de um ser desencarnado, um pretenso ser luz, ou mesmo de um mestre ou guru, pois isso seria apenas mais um motivo de tropeço no caminho para a verdade única. A verdade única não conhece outro mestre que não seja o Ser Absoluto, o UNO, que já se encontra no próprio buscador que se tornou um aluno no caminho. Com base nessa Força ele poderá travar e vencer a batalha da alma contra o egocentrismo e seu consequente estado de consciência e de vida.

Esse aluno se tornará um forte. Nele falará também a faculdade do 4º Raio, a Harmonia que surgiu pela vitória gradual do combate da alma. Pois, como já foi-nos dito tantas vezes pelo Ensinamento Universal:

"Aquele que vence a si mesmo, é mais forte do que aquele que conquista uma cidade"

Para finalizar este capítulo, gostaríamos de citar algumas palavras do fundador do Lectorium Rosicrucianum, o Sr. Jan van Rijckenborgh, destinadas aos alunos da Escola Espiritual, quando confrontados com a realidade de sua batalha interior. Esperamos que elas também possam dar ânimo e coragem a todos aqueles que buscam, com todo o seu ser, a realização do único caminho.

"Busquem em seu coração a fonte de seus sofrimentos e fechem esta fonte a cada minuto do dia. Não façam ou digam algo sem pensar para não criar motivos para novas tristezas.

Pensem que o mais forte é sempre aquele que vence a si mesmo.

Se a dor tomar conta de vocês, recobrem a calma e não fujam de si mesmos através do entorpecimento ou mentiras, mas olhem para tudo sob a luz de suas múltiplas relações.

Entendam que esse processo é como um fogo purificador que queima e limpa os ferimentos. Vocês devem levar adiante essa purificação, apaixonadamente, por que não poderão tornar-se um marco no caminho, a não ser que tenham dado à luz uma nova Fênix.

Não olhem para o passado, nem esperem que o futuro se manifeste, por que a eternidade vibra em cada segundo.

Recusem o isolamento, pois seu local de trabalho é o mundo e a humanidade, e as almas daqueles que se isolam tornam-se estéreis e vaidosas.

De vocês é requerido que sejam um modelo e que realizem as obras e não que apenas finjam fazê-lo. Vocês não devem falar sobre textos mortos, mas apenas sobre a verdade de acordo com sua própria experiência.

Se vocês têm um problema com seu próprio ser, não falem de conhecimentos até que vocês mesmos tenha se transformado neles, senão vocês serão como papagaios imitando palavras que não compreendem.

Pense no que vocês receberam em seu nascimento: a sua personalidade própria e original! E nela se encontra a razão; ela é o veículo com o qual vocês devem se expressar. Ela mostra o que vocês devem vencer e controlar. Fiquem bem junto a ela, e não soltem os freios nem mesmo por um segundo, para que o cavalo, livre de seu mestre, não saia em disparada.

Não desistam de uma batalha, por mais cansativa que seja a luta.

Sempre comecem de novo, sem descanso, para que vocês possam encontrar a Luz. Não guardem nada para si mesmos. Ofereçam uma opinião aos outros se eles assim o pedirem, e não transformem o mundo todo em uma miséria a partir de sua própria miséria pessoal.

Se algum aspecto do pecado é difícil de lidar, eduquem seu espírito com ele e vocês verão que as ervas daninhas morrerão por falta de alimento.

Se vocês perceberem que estão começando a colher os frutos de sua batalha interior, não fiquem parados. Olhem ao seu redor e ofereçam-nos àqueles que estão famintos e sedentos de seus frutos, porque cada fruto que foi ganho e oferecido após uma dura luta, multiplica-se muitas vezes e será lhes oferecido de volta em abundância, em muitas formas diferentes.

Não se preocupem com o resultado de uma batalha interior, por que vocês certamente a vencerão se estiverem na Sua Luz e se puderem esquecer de si mesmos. Mesmo se vocês caírem mil vezes e lhes faltar energia, seus ferimentos serão curados e vocês se reerguerão com nova força.

Pensem, irmãos e irmãs, que o amor, realizado completamente, é a arma mais poderosa do mundo. Portanto, não fiquem sentados à beira do caminho. Não desanimem e nem percam o ânimo.

Aprendam, irmãos e irmãs, que vocês tem que ser vencidos e conquistados completamente antes que possam ser livres. Essa é uma luta que vocês precisam lutar e vencer diariamente.

Nosso caminho deve ser uma Luz e uma benção para todo o mundo."

Capítulo 5 - Sabedoria

"Saber e não agir é não saber"
(Provérbio Chinês)

Escolhemos este provérbio Chinês como abertura deste capítulo dedicado à sabedoria, para demonstrar que, a menos que exista uma unidade entre o que aprendemos e a nossa vida prática, em realidade, não existe aprendizado verdadeiro algum.

Por quê é importante para nós refletirmos sobre isso? Nesta exposição sobre os Sete Raios do Espírito, como base para a transformação da consciência e da vida do ser humano, chegamos agora a um ponto crítico, a partir do qual falaremos dos três últimos Raios do Espírito: Sabedoria, Dedicação e Ação.

A partir de agora, depois de haver lido e familiarizado-se um pouco com os capítulos anteriores, o leitor poderá ter a impressão de que já sabe o suficiente, e que, além do mais, toda essa informação é mais ou menos a mesma, algo como aquilo que ouvimos com tanta frequência: ora, se Deus é apenas um, e todos os caminhos sempre levam a ele, então, por que importar-se tanto para entender todas essas coisas?

Nosso compromisso, nesse breve relato sobre a atividade e as novas possibilidades ligadas aos Sete Raios do Espírito, é com a verdade, obviamente dentro das limitações de nossa compreensão, mas também, e acima de tudo, com a honestidade de propósito dos buscadores sinceros da verdade.

Esse compromisso não nos permite transigir diante daquilo que poderia soar, à luz de nossa compreensão, como uma meia verdade. E, como bem sabemos pela experiência prática da vida, que meias verdades podem ser extremamente nocivas, talvez até mais nocivas do que uma mentira.

Sendo assim, diante de uma afirmação de que todos os caminhos possíveis levariam o ser humano, mais cedo ou mais tarde, a uma verdadeira iluminação e realização espirituais, somos forçados a dizer que isto não está certo, porque a transformação da vida não é um processo automático. Porque a passagem do tempo exterior não representa necessariamente um avanço. E também porque, a partir do ponto atual de nosso desenvolvimento como humanidade, não existe mais a possibilidade de uma evolução pré-determinada, guiada por entidades excelsas, que dirigem o destino de uma onda de vida ainda não avançada.

O destino da humanidade e de cada ser humano que a compõe é fruto direto de suas escolhas e ações. O mesmo vale para um caminho espiritual. Portanto, afirmamos que, mesmo que o ser humano esteja imbuído de um interesse genuíno e de um anseio puro para encontrar o sentido espiritual de sua existência, se ele apenas seguir tranquilamente trilhando seu caminho de vida, confiando que no final todas as coisas acabarão por dar certo, precisamos dizer que isso simplesmente não funcionaria.

Talvez existam outros ramos da vida, seja no ramo social, econômico, político, filosófico ou mesmo humanitário em que uma atitude benévola, até mesmo com uma pitada de ingenuidade, em que confiamos em líderes e instituições, aceitando por seu "valor de face" tudo aquilo que se nos apresenta, pudesse trazer resultados positivos ao longo do passar dos anos.

Porém, o caminho espiritual, proposto pelas Escolas Espirituais de todos os tempos, necessitam de outro conjunto de regras e de atitudes, para que uma transformação real possa ocorrer.

O ser humano, treinado com sua mente concreta a imitar padrões, seguramente pode tentar imitar esse conjunto de regras, criando assim uma falsa aparência de um caminho espiritual, e convencendo-se com uma falsa percepção de seu progresso nele. Mas, assim como a pintura de uma parede que se desgasta com o tempo, com suas cores que desbotam e com a cobertura que descasca, a dura realidade, feita de tijolos e cimento e não de belas aparências, vai acabar por ficar evidente.

Portanto, é nosso dever dizer ao leitor que a única base possível para continuarmos de maneira efetiva nesta exposição sobre os Sete Raios do Espírito, é que exista um compromisso profundo e honesto de realmente colocar em prática todos esses conceitos. Pois, caso contrário, seria melhor pararmos aqui.

Dissemos, no capítulo relativo à Inteligência Criadora, que todos os conhecimentos relativos ao Ensinamento Universal que não são aplicados, tornam-se um fardo e uma pedra de tropeço no caminho de quem busca a verdade.

Apesar de não estarmos revelando aqui nada além do que já faça parte do conhecimento disponível à grande maioria das pessoas, fazendo uma descrição superficial do assunto, e sem entrar principalmente nos pormenores de como colocar esses conhecimentos em prática, é importante termos consciência de que essa reflexão não é feita de maneira inconsequente. Não se trata de uma discussão hipotética ou de uma exposição ligeira, pois o que estamos discutindo, e mesmo evocando, são ferramentas reais, que podem, de maneira muito direta e efetiva, transformar a vida do ser humano, material e organicamente.

No capítulo introdutório, tentamos explicar que a menos que o arquétipo mais profundo de nosso ser mude, quer dizer, a menos que um lampejo da nova energia flua pelas Sete câmaras de nosso coração etérico, que, de fato, nós estaremos apenas "falando" e "discutindo" hipoteticamente sobre o que os Sete Raios significam. Parafraseando o provérbio Chinês que fala sobre isso tão precisamente: nós pensaremos que sabemos, mas pelo fato de não colocar esse conhecimento em prática, em realidade nós não saberemos nada. Mais sério ainda, carregaremos o fardo de termos sido alertados a respeito de uma possibilidade real de mudança, e, mesmo tendo-a compreendido, decidimos não aplicá-la.

Até agora, falamos brevemente a respeito dos primeiros quatro Raios do Espírito. Explicamos que os três primeiros estão relacionados com seu santuário da Cabeça, e que o 4º está relacionado a seu coração. Esses Raios são: Vontade, Amor, Inteligência e Harmonia.

Se o leitor ainda lembra do que explicamos visualmente com as Figuras 1 e 2 e com os comentários a elas relacionados, deverá ter-se dado conta de que existe uma conexão direta entre as sete câmaras do coração e os sete chacras de seu corpo astral. Em cada câmara do coração etérico, desse arquétipo no núcleo de nosso ser, queima um fogo específico de um dos aspectos da Força Criadora do Universo, o qual chamamos de Espírito.

O Espírito é uma força multiforme, multidimensional, que assume a forma do arquétipo nuclear da alma, o qual deve vivificar. Eis por que esse nosso arquétipo nuclear, a forma nuclear de nosso coração etérico, representa a síntese de todas as forças e aspectos da totalidade de nosso ser.

Dessa forma, em nosso coração, temos a síntese de nossa consciência e nossa vida, unidas por nossa identidade. Em outras palavras, temos a síntese de todas as forças que ativam e circulam em nosso santuário da cabeça e da vida, unidas em nosso santuário do coração.

Consequentemente, para que os três primeiros Raios do Espírito possam penetrar e modificar o santuário da cabeça, as três câmaras correspondentes do coração etérico precisam ter sido purificadas, abertas e preenchidas com os três Raios correspondentes que emanam diretamente do Núcleo, da Centelha do Espírito, da Mônada, que nele se encontra.

Sem a força nuclear do Ser Absoluto, da Centelha Divina que deve tornar-se ativa no coração humano e, dessa forma, transformá-lo, é impossível modificar estruturalmente qualquer outro aspecto de nosso ser de acordo com o desenvolvimento previsto no caminho espiritual, seja qual for o método que tentemos utilizar para fazê-lo.

Eis porque todo o conhecimento proveniente das Escolas Espirituais do passado, e que nos dias de hoje, vemos aplicado na forma de métodos, práticas e exercícios, como alternativas de desenvolvimento e equilíbrio do ser humano, infelizmente, tendem a ser meras imitações do processo espiritual original.

Isto porque falta aos que praticam esses métodos, o conhecimento real da mudança do coração etérico a partir da Centelha do Espírito como condição prévia fundamental, e assim, talvez mesmo sem saber, tentam pular etapas através de exercícios e práticas que buscam desenvolver os novos poderes da força kundalini que reside ou no topo da cabeça ou na extremidade inferior de nossa espinha dorsal. Mas, como falta-lhes a fonte, o mistério da Rosa do Coração, elas podem apenas produzir o desenvolvimento de habilidades ocultas ou mágicas, porém nunca são capazes de transformar fundamentalmente o ser humano de um ponto de vista estrutural, e de acordo com o desenvolvimento preconizado pelo caminho espiritual.

Elas podem criar alguns efeitos externos, como o despertar de faculdades ocultas, de habilidade mágico-naturais, podem suscitar tranquilidade, uma paz aparente e um estado mental de harmonia e equilíbrio, mas, no final, quando as verdadeiras flamas do coração etérico entram em erupção como um vulcão até então adormecido, as forças que movem o ser humano, como as rápidas correntes sob um rio congelado, ressurgirão e retomarão seu controle sobre a pessoa em particular.

Dizemos, com total transparência, que não realizamos nada disso em nossa Escola Espiritual. Porque nenhum treino, exercício, prática oculta, mística, ou mesmo mágica, jamais poderá substituir o verdadeiro trilhar do caminho espiritual, o qual, em nossa Escola, é conhecido pelo nome de discipulado. O verdadeiro discipulado pode ser reconhecido pela Luz mesma, pela Linguagem do Ser Absoluto no imo de cada ser, porque a Luz possui o poder de ver, diretamente e sem intermediários, a verdadeira realidade dentro de nossos corações.

Após dizer tudo isso, gostaríamos também de afirmar que chega até a ser relativamente fácil compreender o que os quatro primeiros Raios significam. Podemos discutir ideias, dar exemplos, e o leitor poderá relacioná-los a alguns conceitos que já tenha aprendido. Também é relativamente fácil e rápido dar-se conta que a vontade egoísta, o amor parcial e as preferências pessoais, o intelectualismo superficial, e mesmo as ideias ingênuas a respeito de viver em harmonia, não passam de ilusão, de um autoengano da consciência egoísta, e assim estamos até naturalmente inclinados a aceitar e abrir-nos relativamente rápido para uma mudança inicial, mesmo que ainda modesta, de nossa maneira de agir.

Porém, caro leitor, a alegria do fácil termina aqui. Pois é a partir daqui que muitos buscadores da verdade, e também muitos daqueles que se puseram como alunos no caminho espiritual nas Escolas Espirituais de todos os tempos, terminaram por encalhar o barco de suas aspirações.

E por quê?

Porque quando somos confrontados com o 5º Raio, entramos em um terreno que é inacessível, invisível para nosso conjunto de teorias e conceitos. A partir deste ponto, somos confrontados com a realidade amarga de nosso ser, com seu karma, com sua herança sanguínea.

Muitos acreditam que o 5º Raio, a Sabedoria, está relacionado a um profundo entendimento, somo se fosse uma superinteligência e que está relacionado ao ser mental ou ao corpo mental. Mas, trata-se exatamente do oposto. Os Sete Raios em muitos aspectos assemelham-se a uma escada que se aproxima de nós de cima para baixo. Os três primeiros Raios do Espírito Sétuplo transformam os três primeiros chacras que estão localizados no santuário da cabeça - Vontade, Amor e Inteligência.

Esses três primeiros Raios vão modificar todos os centros da ideação, percepção e força superior de criação, eles correspondem ao Logos Tríplice do Pai, o Triângulo de Fogo do Pai.

Como vimos no capítulo anterior, o 4º Raio está relacionado ao coração, o Raio da Harmonia através do conflito, a Harmonia que surge da batalha interior da alma contra seus próprios fantasmas. Esse Raio está relacionado com a identidade mais interna do ser humano, com o seu ser verdadeiro, sua autoconsciência e auto percepção.

Até este ponto pode-se dissimular muito bem, pois nosso ego ainda pode fingir uma ideação elevada, simular uma harmonia superficial. Mas, também neste ponto é que toda a farsa termina, pois a partir deste ponto, o Espírito precisa penetrar na realidade do santuário da vida, e o santuário da vida não foi treinado para fingir.

Alguém consegue fingir sua digestão? Alguém consegue fingir saúde perfeita ou mesmo que está cheio de energia? Alguém consegue fingir sua existência física? Não, tudo isso encontra-se além de qualquer farsa. Trata-se, simplesmente, da realidade.

Neste ponto do caminho de um buscador sincero, ou dos alunos das Escolas Espirituais de todos os tempos, se não existisse nada que tivesse ocorrido de fato em termos de uma transformação estrutural baseada na presença real dos Sete Raios do Espírito, então o estado real do ego tríplice desmascararia esse blefe, e a pessoa em questão perderia sua aposta ao mostrar uma mão totalmente vazia de cartas. Ainda que intuitivamente, sabemos que o ser-eu tem uma incrível habilidade para blefar. A farsa, o blefe e a dissimulação fazem parte de nossa habilidade inata para sobreviver. Atacar ou correr, dobrar a aposta ou blefar, a linguagem binária da sobrevivência é um dos poucos códigos que ultrapassam as barreiras dos idiomas, continentes e culturas.

Dessa forma, em muitos sentidos, a vida é um blefe, a vida social pelo menos. Pense apenas nas redes sociais, a maioria de tudo o que vemos nelas não passa de um blefe de uma falsa vida cor-de-rosa feita de fotos selecionadas e frases vazias, cheias de clichês e de meias verdades. Pense na vida profissional, meio-verdade, meio-blefe, no melhor dos casos. Pense na maioria dos relacionamentos que conhece. Muitos blefes, não?

Nosso ser-eu está tão treinado e especializado em tudo isso que somos tentados a seguir o Caminho Espiritual com nossa habilidade especial para blefar. Mas, ainda que se tente uma tamanha insensatez, isso tem um limite, e o limite é quando precisamos provar que o Espírito atingiu a realidade de nosso Santuário da Vida. Esta prova começa com o 5º Raio, o qual deve transformar nosso Plexo Solar.

O Plexo Solar é nosso cérebro biológico. Ele é a sede de nossas imagens-pensamento e imagens-desejo, que circulam através da porta etérico-astral do Fígado-Baço. Ele também é a sede de nossa vitalidade física, onde nosso pâncreas determina a velocidade com que queimamos nosso combustível físico, com a produção de insulina e com a queima de glicose em nosso sangue. É esse cérebro biológico que controla o pensamento comum e nossas emoções no nosso cérebro que se encontra em nosso santuário da cabeça. O cérebro biológico é o verdadeiro cérebro por detrás do cérebro, ele é a causa raiz para nossa maneira de pensar e reagir.

Agora, talvez o caro leitor possa estar pensando o que a Sabedoria, o 5º Raio, tem a ver com tudo isso. Trata-se de algo muito simples. Um sábio não desperdiça sua energia. Um sábio não desperdiça suas palavras. Um sábio não vai atrás de ilusões ou projeções inúteis. Um sábio entende a vida de dentro. Um sábio APLICA seu conhecimento perfeitamente, na vida.

Portanto, a assinatura da Sabedoria jamais foi o acúmulo de conhecimentos. Esta é uma distorção que existe na cultura ocidental, e que, em realidade, afastou-nos da realidade da sabedoria interior. Um médico sábio não é aquele que conhece cada detalhe da literatura médica, mas aquele que é capaz de salvar a vida de alguém.

Um aluno sábio, um verdadeiro aluno de uma Escola Espiritual, não é aquele que conhece todos os livros do Ensinamento Universal, e que é capaz de citá-los eloquentemente, pela página ou mesmo pelo parágrafo, ou que seja capaz de falar horas seguidas a esse respeito. Um aluno sábio é aquele que é capaz de mudar sua vida através de uma atitude, que na maioria das vezes, pode ser uma atitude insignificante e silenciosa. Um aluno sábio é aquele se tornou ele mesmo o conhecimento. Não porque ele escreveu um programa de coisas desejáveis para serem seguidas ou para torturar-se para tornar-se na imagem perfeita daquilo que um aluno deveria ser, mas simplesmente porque ele tomou a única decisão necessária de APLICAR NELE MESMO tudo aquilo que ouviu e aprendeu a respeito do caminho.

Ele levou realmente a sério o conselho que lhe foi dado, e aprendeu quando aplicou, em sua própria vida:

. A Verdadeira Auto-Rendição ao Ser Absoluto

. O Verdadeiro Amor Impessoal e uma Aceitação Incondicional

. O Verdadeiro Auto-Conhecimento

. A Verdadeira Harmonia que surge do confronto com seus demônios pessoais.

Caro leitor, você deseja tornar-se um sábio? Então, não siga o caminho, seja o caminho, porque "saber e não agir é não saber".

Capítulo 6 - Dedicação

"O aluno deve começar dando, e não pedindo.

Somente então o segredo da medida transbordante lhe será revelado.

Que tem ele para dar?

1º Seu coração,

2º sua alma,

3º seu devotamento,

4º sua fé absoluta,

5º sua inteligência,

6º suas faculdades,

7º seu eu.

Dai e vos será dado"

Escolhemos este fragmento de um texto da Escola Espiritual, denominado "O Sacrifício Sétuplo", para indicar a natureza essencial do 6º Raio do Espírito, a Dedicação Inabalável, que é o Raio que corresponde à oferta de todas as nossas faculdades, e que deve preencher a sexta câmara de nosso coração etérico.

E aqui cabe a pergunta: o que é dedicação no sentido do 6º Raio do Espírito?

Dizendo-o de uma forma simples e direta, e reforçando aquilo que é dito em sexto lugar no texto "O Sacrifício

Sétuplo", dedicação é o ato de ofertar todas as capacidades do ser-eu ao Ser Absoluto.

Porém, talvez fosse bom, neste ponto, que antes de nos aprofundarmos nessa ideia, que entendêssemos um pouco melhor a maneira sobre como os Raios atuam no mundo e como influenciam toda a humanidade.

Do que foi tratado até agora nos capítulos anteriores, deve ter ficado claro que os Sete Raios do Espírito sempre estiveram presentes em todas as épocas, possibilitando e manifestando o Propósito Universal da Vida. Queremos dizer com isso que o Propósito sempre cumpriu-se, cumpre-se e sempre irá se cumprir.

Durante todas as épocas e eras, a humanidade foi tocada por essas sete forças, esses Sete Raios do Espírito, independentemente de sua forma de manifestação em cada uma dessas épocas.

Devemos entender que essas forças são a manifestação da vontade do UNO que sempre irá se realizar de uma maneira ou de outra. Assim, em cada época, os homens reagiram a essas forças de acordo com o seu estado de consciência e manifestaram um estado de vida correspondente.

A intenção mais elevada dos Sete Raios é levar a humanidade a um despertar gradual e a uma transformação da consciência, de modo que um dia, todos possam reagir positivamente aos Sete Raios e retornar à Plenitude da Manifestação Universal dotados de plena consciência e da realização do Propósito Universal em seu próprio ser.

Na estrutura do coração etérico, explicada no capítulo introdutório, os Sete Raios podem ser organizados em um triângulo e um quadrado. Os três Raios, que formam o triângulo, atuam em aspectos que o homem deve desenvolver dentro de si mesmo como atributos, e os quatro Raios, que fazem parte do quadrado, mostram aquilo que deve ser realizado e concretizado exteriormente com base no que foi construído interiormente. Os Raios do triângulo e do quadrado se alternam, sendo que em uma época um dos Raios pode fazer parte do triângulo e revelar um aspecto interno, enquanto que, em outra época, esse mesmo Raio pode fazer parte do quadrado, e revelar um aspecto de realização.

Dizemos isto, pois não há muito tempo, o 6º Raio do Espírito, o Raio da Dedicação, fazia parte do quadrado e por essa razão podemos entender o motivo pelo qual a dedicação da humanidade era um fator externo, o que deixa mais claro o motivo do surgimento de inúmeras religiões para adorar uma divindade que ainda não era compreendida e vivida interiormente. Foi a época das diversas manifestações religiosas, dos sacrifícios, entre outros.

Porém, em nossa época isso mudou. Agora, o 6º Raio faz parte do triângulo interno e revela que a Dedicação é algo que deve ser vivenciado interiormente e o Templo no qual isso deve ser realizado é o Templo interior, o próprio ser humano.

Talvez agora fique um pouco mais claro o que lemos na Bíblia: "Ou você não sabe que o seu corpo é o Templo do Espírito Santo, que habita em seu ser, o qual recebeu de Deus e que, por isso mesmo, já não lhe pertence?"

E porque é importante saber tudo isso?

Porque o 6º Raio, o Raio da Dedicação Inabalável, tem uma relação direta com o centro da força criadora humana na matéria, que se encontra no chacra pélvico, que representa a soma de todas as nossas capacidades e dons criadores. Desta forma, quando compreendemos que todos os nossos talentos criadores e criativos devem ser oferecidos à Nova Vida que surge em nós, então vencemos toda a separação entre a vida espiritual e a vida material.

Esse é o segredo da síntese, da transmutação e de uma vida plena na realidade da única nova vida. Hermes, o três vezes grande, referia-se a esta síntese, quando afirmava que "o que está em cima é como aquilo que está embaixo". Por esta razão, a Dedicação jamais é um sentimento místico, muito menos uma obsessão por atingir uma falsa santidade ou perfeição na vida, que o afasta da realidade e das potencialidades de seu próprio ser.

Esta síntese ocorre após a batalha realizada através do 4º Raio, e a decisão de transformar conhecimento em sabedoria, isto é, de colocar, na força do 5º Raio, toda Inteligência Divina na prática da vida.

Desse modo, toda vez que a Dedicação é entendida como um sentimento, tentamos realizá-la somente com o coração, sem levar em conta a realidade da vida. Assim, ficamos sujeitos às influências e projeções do corpo astral e de seus desejos, e, como consequência, vemos surgir o fanatismo religioso, que sempre acarreta o extremismo, a violência e a morte. Os dias de hoje falam por si mesmos.

Percebemos o quanto isso é triste? As pessoas matam em nome de Deus porque não realizaram o verdadeiro combate do 4º Raio dentro de si mesmas, e também não reagem positivamente às influências de todos os Raios seguintes, e assim projetam esse conflito para fora. E o resultado é bem conhecido: fanatismo religioso e político, preconceitos, intolerância, entre outros.

Do mesmo modo, aquele que não parte para a violência exterior, mas que também não trava a batalha interior, perde-se em um misticismo negativo, reagindo às influências do 6º Raio, acreditando que sua crença contemplativa irá salvá-lo. Estes são aqueles que negam a realidade da vida em nome de uma idealização sem sentido, tornam-se teóricos, leem dia e noite sobre o sagrado, mas não realizam a verdadeira oferta de todas as suas capacidades reais.

Para o buscador sério no caminho, tudo isso deve converter-se em uma profunda reflexão a respeito de sua própria vida. Tal buscador deverá perguntar se está apenas disposto a ser tocado e a ser inundado pelo toque da Verdade, ou se já está disposto a transformar tudo aquilo que o tocou e que ele compreendeu em uma realidade prática, através do único meio que está à sua disposição, a sua atitude e a sua vida diária.

Se apesar de termos sido tocados pelo Campo Oni-abarcante da Verdade, e termos claramente compreendido aquilo que precisa ser feito, continuamos a ser exatamente o que sempre fomos, não podemos falar de uma reação positiva ao 6º Raio do Espírito.

Por esta razão, um texto dos Upanishads fala-nos que *"aquele que pela fé e pela dedicação tornou-se uno com*

Brahman, esse libertou-se da roda da vida e da morte". Porém, a chave para concretizar essa dedicação ao Ser Absoluto, a Brahman, é-nos dada neste texto abaixo, de um autor desconhecido:

"A cruz é levada ao alto; a forma é ali depositada e naquela cruz a vida deve ser transformada. Cada um constrói uma cruz que forma a cruz".

Como dissemos anteriormente, a entrada do Espírito dá-se de duas formas no ser humano. Em primeiro lugar, ela precisa ser liberada como força potencial no coração etérico, ou seja, precisa brotar do Ser Absoluto, e preencher cada espaço, cada câmara do coração etérico do ser humano. Em segundo lugar, o Espírito precisa penetrar concretamente no sistema de vida do ser humano, para transformar sua estrutura anímica e também corpórea. Isto ocorre pela entrada e pelo desdobramento dos Sete Raios do Espírito através do Círculo Ígneo da Pineal, e por sua entrada no sistema espinal energético do ser humano, também conhecido, no Ensinamento Universal, como Fogo Serpentino. Por esta razão, na alegoria simbólica do Evangelho, Jesus é crucificado no monte Gólgota, nome que significa, literalmente, crânio.

Desta forma, a força dos Sete Raios desce verticalmente através da pineal, e assim a haste vertical da cruz é organicamente construída no ser humano. A entrada dos Sete Raios do Espírito dá-se pela pineal, que se encontra no alto do crânio. Assim, a forma original, o arquétipo do novo corpo, é depositado no ser humano e a vida pode ser transformada.

Portanto, para o Ensinamento Universal, a cruz jamais foi o símbolo de um sofrimento inominável e pessoal, mas sim de uma transformação luminosa que pode e um dia deverá ser realizada por cada ser humano. Onde o sagrado, a haste vertical, os Sete Raios do Espírito, une-se com a realidade material, a haste horizontal, encontramos novamente o Arquétipo Original do ser humano, o coração etérico, a Rosa do Coração, preenchido pela Radiação dos Sete Raios do Espírito, como uma Rosa de Fogo Flamejante. Desta forma, cada um deverá reconstruir sua cruz, o Arquétipo do Novo Corpo, que é o testemunho de sua auto-rendição e sua dedicação ao toque do Espírito.

E do que é formada esta cruz? Essa não é mais a cruz de dor e de sangue e sim a Cruz de Luz, a cruz que transformou e elevou a vida a uma nova atividade. A Cruz que novamente uniu matéria e Espírito através dos Sete Raios do Espírito e do Ser Absoluto, que desabrochou no coração como uma Radiante Rosa. Esta é a Cruz de um Verdadeiro Rosa-Cruz.

Assim, caro leitor, fica claro porque não é possível trilhar o Caminho da Rosa e da Cruz sem o 6º Raio do Espírito, a Dedicação Absoluta, que significa oferecer todas as capacidades de nosso ser ao Ser Absoluto. Talvez, ao lermos tudo isso, e olhando para nós mesmos pensemos: O que eu tenho para oferecer? Eu, em minha pequenez, o que tenho para oferecer? Olhando para mim mesmo, não consigo reconhecer o que devo fazer, no que consistem essas capacidades que devo oferecer, e como tornar isso uma realidade em minha vida.

No início deste capítulo, dissemos que o 6º Raio do Espírito deve transformar o centro criador que se manifesta no chacra pélvico e na força criadora material humana.

Talvez isso ainda não esteja muito claro, porque, em realidade, no estado de consciência e de vida em que nos encontramos, nós nos esquecemos que, mesmo na aparente pequenez de nossa vida, em realidade, também somos entidades com grandes poderes criadores, somos como verdadeiros pequenos deuses, pequenos criadores.

Porém, ao mesmo tempo, e é aí que reside o principal obstáculo de nosso caminho, somos, na linguagem figurada do Ensinamento Universal, adoradores de imagens, adoradores de ídolos de barro, isto é, de uma imagem de si mesmo. Simbolicamente o homem foi criado a partir do barro, da substância raiz cósmica ativada por um alento do Espírito. Como ser autocriador, o ser humano cria exatamente da mesma forma, ele insufla em tudo o que manifesta o sopro de sua consciência na matéria que o circunda, no "barro", e assim cria imagens-pensamento e imagens-desejo, também à sua imagem e semelhança.

Deste modo, mesmo sem perceber, passamos boa parte de nosso tempo idealizando, projetando e tentando modelar nossos queridos ídolos de barro, nossas criações individuais, as projeções de nosso próprio ser-eu, que em muitos sentidos assemelham-se a passatempos, a verdadeiros brinquedos de crianças crescidas, sempre dando a estas criações um reflexo de nossa própria imagem, imprimindo nelas o nosso rosto, a nossa aparência, sobretudo em relação àqueles que estão mais próximos de nós.

Nosso parceiro ou parceira, não queremos que ele ou ela sejam exatamente da maneira que gostaríamos, ou seja, uma imagem perfeita de nós mesmos? Ou então, nossos filhos, tantas vezes pobres vítimas de nossos sonhos irrealizáveis e projeções impossíveis. Quanto peso não colocamos sobre seus pequenos ombros, sem perceber, ou mesmo sem querer? E quanto a nosso trabalho, nossas amizades, todas as nossas relações? E, por que não dizer, o próprio caminho espiritual que buscamos? Em muitos sentidos, não é esse caminho também uma fuga da realidade, por meio de uma idealização de um eu perfeito, uma versão perfeita de nós mesmos, que nos proteja da dor de nossa pungente imperfeição?

Seguimos nossas vidas utilizando nossas capacidades criadoras, construindo os incontáveis ídolos de barro, adorando-os e forçando-os sobre os outros e nós mesmos, como máscaras estranhas e desajustadas. Tudo isso são as nossas capacidades criadoras em ação, conscientemente ou não.

Então, o que significa ser colocado diante do 6º Raio do Espírito?

Para todos os que anseiam, com toda seriedade, trilhar o caminho espiritual, isso significa duas coisas muito simples e concretas:

Em primeiro lugar, que estejamos conscientes de que todos os nossos atos são atos criadores. Isso significa viver conscientemente, consequentemente. Em segundo lugar, que tenhamos a coragem de oferecer todos os nossos dons, tudo aquilo que nos transforma, nas grandes e pequenas ações, em criadores de nosso mundo, sim, oferecer tais capacidades ao UNO, ao Ser Absoluto em nós.

O UNO tem esse nome por que entre ELE, que é o coração do nosso ser, e todas as circunstâncias que vem até nós, como o destino, o karma, nossa herança biológica ou seja lá o nome que preferirmos dar a isso, não existe separação alguma. O UNO se manifesta em e mediante a Vida Real. Por isso, todas as vezes que buscamos uma projeção do ser perfeito, e nos afastamos e damos as costas àquilo que a vida coloca diante de nós, nós nos desviamos dele. Portanto, o UNO se manifesta no que precisamos e devemos fazer, e não no que imaginamos que deveríamos fazer.

Por exemplo, pensemos em nossa família. É fácil viver em paz com toda a humanidade, e difícil conviver com aqueles que nos são tão próximos. Para descobrir qual a extensão de nossa capacidade de compreender nossos semelhantes, não precisamos ir muito longe. Basta tentar colocá-la em prática com aquela pessoa que nos é mais próxima, aquela pessoa impossivelmente próxima. Na medida em que oferecermos, sem reservas, essa capacidade àquela pessoa tão próxima, mesmo sabendo que talvez não consigamos ir muito longe, é que descobriremos o quão real ou teórica é nossa compreensão, pois assim teremos desafiado nosso egoísmo no seu fundamento mais real e profundo.

Certa vez, os teóricos de seu tempo perguntaram sarcasticamente ao Cristo: tu falas do Pai, mostra-nos o Pai! tu falas da Mãe, mostra-nos a Mãe! E ele respondeu: se vistes ao vosso irmão, e sentistes o seu amor, então vistes ao Pai, se vistes à vossa irmã, e sentistes o seu amor, então vistes a Mãe.

O Pai-Mãe do Universo não está longe. O UNO está mais próximo do que mãos e pés. Ele toma forma nos rostos, nos corações e nas mãos daqueles que estão próximos a nós.

O que é Dedicação Inabalável então? Talvez a essa altura possamos responder de uma maneira mais concreta e real.

Dedicação Inabalável significa ofertar sua vida ao serviço da Vida UNA, que se manifesta ao seu redor, sem o seu eu, sem egocentrismo, sem o peso de suas projeções, sem causar um sofrimento indescritível aos outros que devem submeter-se à sua projeção do bem, da felicidade, e da perfeição.

Quando compreendermos isso, não mais como uma idéia, mas por que o fizemos, e assim vimos o seu resultado, então saberemos que não mais precisamos adorar nossos ídolos de barro, nossas projeções e idealizações, com suas imagens tortas, distorcidas, como o rosto contorcido de um eu buscando sua realização, sua perpetuação nos outros e em tudo ao seu redor. Teremos compreendido que o UNO manifesta-se na plenitude, na totalidade da vida. Que lá, onde quer que estejamos, é o lugar que nos é destinado pelo TODO. Que não há nada fundamentalmente errado em nossa vida, nada a consertar, nada a negar, nada a idealizar, em uma obsessão pelo perfeito impossível, ou em uma melancolia infindável diante do sonho irrealizável.

Estaremos em paz, estaremos em nós mesmos, observando o mundo, e finalmente vendo a beleza e a perfeição do grande tapete do destino que o UNO teceu para todos e também para nós. Já não poderemos ter outra atitude a não ser a de nos oferecer, sem reservas, ao UNO, ao TODO, que está dentro e fora de nós, em todas as partes e em todas as pessoas.

Assim, o 6º Raio do Espírito, a Dedicação Inabalável tomará todo o nosso ser, e se elevará como um novo fator recriador da Vida. A vida fluirá na Vida do Todo.

No 6º Raio do Espírito, ofereceremos, finalmente, todas as nossas capacidades, e, pelo mistério do 7º Raio do Espírito, libertar-nos-emos completamente, ao oferecer também o próprio EU.

Que assim seja!

Capítulo 7 - Ação

"Aja sem expectativa"
Lao Tse

O segredo para o 7º Raio do Espírito, o qual também é chamado de Ação, Ação Mágica, ou mesmo a Realização, é algo surpreendente. Podemos encontrá-lo escondido atrás desta afirmação tão sintética e também tão desconcertante de Lao Tse, o autor de "Tao Te King":

"Aja sem expectativa"

Para ajudar-nos a ultrapassar a barreira natural de nossas mentes analíticas, vamos quebrar essa sentença nos únicos elementos possíveis, nessas três palavras, e começar olhando mais de perto para a última delas: expectativa.

O que é uma "expectativa"? Uma maneira simples de olhar para isso é reconhecer que sempre estamos esperando por algo, que estamos sempre tentando antecipar algo, controlando assim o resultado de tudo ao nosso redor.

Pensamentos, sentimentos, ações, nossos próprios ou os dos outros. Antecipação, controle, expectativa. Ansiedade, preocupação, medo. Eis aqui o mecanismo tríplice tão bem conhecido de auto-proteção e sobrevivência de nosso ego. Quando mergulharmos a fundo em nós mesmos, damo-nos conta de que nosso ego poderia ser definido como sendo feito de pura expectativa.

Imaginemos agora, diante de nosso olhar interior, um filhotinho de um animal. Será que ele tem alguma expectativa? Será que está cheio de ansiedade, preocupação ou medo? Na grande maioria das vezes, ele está totalmente livre disso. Quando tem fome ele chora. Quando sente frio, busca o calor de sua mãe. Quando está cansado, ele dorme, calma e tranquilamente. Com certeza, esse animalzinho seja o que de mais próximo podemos imaginar, quando pensamos em felicidade e plenitude. A coisa mais próxima de uma total ausência de expectativa, pois esse pequeno filhote apenas é. Sem futuro, sem passado, é apenas no presente.

Então, depois desse breve aprofundamento, talvez pudéssemos parafrasear a fórmula de Lao Tse da seguinte maneira: aja sem ego.

Prossigamos agora tratando da segunda palavra da fórmula de Lao Tse, a palavra do meio: "sem". As palavras "com" e "sem", obviamente, significam opostos. Uma delas indica um conteúdo, a outra não. Mas a parte interessante nisso tudo é que a existência de um conteúdo assume a pré-existência de um espaço que o contenha, que possa receber esse conteúdo.

Os ensinamentos de algumas antigas tribos indígenas norte-americanas referiam-se a essas duas realidades - conteúdo e o espaço que o contém - aos mistérios da manifestação visível e invisível - chamando-as de o Tonal e o Nagual. Nesses dois aspectos podemos ver também sua relação com os dois núcleos do Ego no coração do microcosmo, na câmara central do coração etérico.

O núcleo Tonal é o coração da Alma Humana, o centro absoluto de nossa consciência, nossas intenções profundas e a verdadeira força dirigente de nossa vontade.

O núcleo Nagual é o centro de todas as coisas, invisível e não manifestado, o centro invisível da esfera onipresente de todo o Universo mesmo, assim como Hermes Trismegistos o diria.

O núcleo Tonal é o Sol visível, o centro do sistema de nosso microcosmo, ao redor do qual todas as outras forças, simbolicamente, os outros planetas de nosso microuniverso, gravitam em suas órbitas. O núcleo Nagual é o Sol invisível, Vulcanus, o centro espiritual, invisível e não manifestado, inalcançável, intocável, mas onipresente. Ele é o verdadeiro centro ao redor do qual todos os Sóis de toda a Vida manifestada, os microcosmos, os cosmos e os macrocosmos, giram sem cessar, na eterna espiral da dança da harmonia das esferas.

Em nossas vidas, como microcosmos, como sementes eternas da Alma-Espírito Humana, semeadas no seio da matéria, devemos seguir um caminho duplo, o caminho da individualização, e o caminho da integração. O caminho da individualização é o caminho do tornar-se um Mestre Tonal, ou, em outras palavras, é o caminho descendente na matéria para adquirir a auto-consciência, para tornar-se diferente do todo. É o caminho da construção da "Eu"-consciência. Para que finalmente possamos tornar-nos conscientes de nós mesmos, e, baseados nessa consciência, escolher qual caminho queremos seguir - o caminho estéril e sem fim da vida "eu"-centralizada, ou a espiral infinita da integração com a Vida-UNA.

O caminho da integração não é uma seqüência automática do anterior, como se formassem uma espiral involutiva e evolutiva. Ele requer consciência, livre-arbítrio, cooperação consciente e uma escolha. Este é o caminho da ascensão, do seio da matéria, aos mais altos níveis de auto-consciência e liberdade, aos quais chamamos de Espírito.

Esse é o caminho da integração do conteúdo e do espaço que o contém, o caminho do tornar-se um Mestre Nagual, um mestre do espaço onipresente, do espaço oni-criador, o caminho de Ser pelo Não-Ser.

Esse é o segredo do "com" e "sem", do tornar-se um com o UNO. Portanto, a palavra "sem" significa tudo menos o vazio, ao invés disso, nesse contexto, ela significa plenitude. Ela significa realização. "Sem" significa, aqui, integração.

Depois de ganharmos uma compreensão mais ampla a respeito de tudo isso, podemos reler a fórmula de Lao Tse desta maneira:

"Aja integrado com o Ego" - "Aja com o Ego integrado e pleno".

Exploremos agora o conceito de "agir" ou de "ação". Qualquer ação requer a pré-existência de um agente. Neste caso em particular, o agente não é meramente uma força da natureza, porque a consequência de uma força natural é o cumprimento de uma lei, que na grande maioria das vezes é previsível e impessoal. O agente, que se encontra por detrás de uma ação, precisa estar movido por um propósito, uma intenção, e estar minimamente consciente da situação, ou de si mesmo, para produzir essa ação.

Portanto, para agir ou produzir uma ação precisamos pressupor um agente consciente, uma consciência, ou, em outras palavras, um Ego. Assim, a fórmula de Lao Tse torna-se ainda mais desconcertante, ainda mais profunda, quando erguemos agora algumas camadas a mais dos véus de suas palavras e somos confrontados com algo mais ou menos assim:

"Ego sem Ego" ou "Ego integrado ao Ego".

Poderíamos dizer, caro leitor, que esse é o coração do problema, pois neste ponto, somos confrontados com o segredo nuclear, o duplo segredo da Ação e da Não-Ação. Ou, como Shakespeare o formulou em "Hamlet", o segredo de "Ser" ou "Não Ser".

"Ego sem Ego" significa que toda a vida exterior, toda ação no mundo visível exterior, deve ser realizada sem egocentricidade, uma ação que é levada adiante sem o peso da intenção egocêntrica. Portanto, cada ação, mesmo aquelas ligadas à inevitável batalha pela vida, como vimos no capitulo a respeito do 4º Raio do Espírito, podem ser realizadas sem a geração de karma.

Esse é o segredo de viver. Esse é o segredo para agir no mundo da ação. Essa é a lição que o Krishna ensina a Arjuna. Ao mesmo tempo, Lao Tse indica a segunda parte deste duplo segredo, pois sua fórmula também pode ser lida assim: "Ego integrado ao Ego". E esse é o segredo da não ação.

O segundo segredo ensina à Consciência que somente é possível encontrar a fonte interior, e assim também descobrir a resposta ao vazio angustiante do Ego humano, quando ele não tenta mais ser o centro de todas as coisas, ou, dito de maneira ainda mais profunda, quando cessam todas as tentativas de encontrar o centro através do próprio Ego. O verdadeiro centro, o Centro Invisível de toda a vida, de todo o universo, já se encontra nele, já é o verdadeiro centro de seu Ser Real.

Quando a Alma Humana, o Núcleo da Consciência Humana tornar-se consciente disso, toda a luta pela construção de sua própria identidade cessa no mesmo instante. A gota mergulha no oceano. A gota ainda é consciente de sua identidade, mas agora encontra-se integrada no vasto e infinito Mar da Vida. O ego humano foi finalmente integrado no Ego Divino. A última barreira foi demolida, a última pitada de egocentrismo na sétima câmara do coração foi eliminada, e o 7º Raio do Espírito, o mestre do visível e do invisível, do manifestado e do não manifestado, da ação e da não-ação, do Ser e do Não Ser, encarnou-se na realidade mais concreta, no sétimo chacra do corpo astral, na base da coluna vertebral, o chacra raiz. Os Sete Raios então irão recriar o Novo Homem-Alma-Espírito e a Transfiguração torna-se uma realidade.

\- - - - - - -

Caro leitor,

Nos capítulos deste livro, tentamos descortinar, diante de seu olhar interior, o horizonte de todo o processo proposto pela Escola Espiritual. Este é o mesmo processo diante do qual foram colocados os alunos das Escolas Espirituais de todos os tempos.

Como dissemos no começo, este é um processo real que deve ser compreendido interiormente de maneira muito concreta. Eis porque escolhemos uma linguagem muito simples e direta, que fala diretamente à sua consciência, através de sua intuição e dos aspectos reais de sua vida.

Mas, acima de todo o ensinamento exterior, das imagens e palavras que podemos ter-lhe oferecido, por mais claras que elas, eventualmente, possam ter sido, o aspecto mais importante que tentamos transmitir-lhe, é que o segredo, o começo e o fim, o alfa e o ômega do caminho, encontra-se em seu coração.

O arquétipo da nova realidade vive em seu coração. Se você tornar-se consciente disso, e perceber que todas as linhas de força do caminho espiritual conectam-se ali, em seu próprio coração, nesse Núcleo mais profundo de sua alma, você jamais cairá na armadilha de considerar este caminho como algo difícil, ou impossível, ou mesmo como algo elevado demais para você. Pois você sempre será capaz de acolher tudo, tudo o que o caminho espiritual lhe trouxer, tudo o que sua vida lhe trouxer, através de sua própria alma, de seu real coração, e você viverá a partir da inteligência superior de sua alma, a inteligência que brota do Núcleo, do Centro Invisível de toda a Vida, em seu ser.

Essa Inteligência Superior é a força que pode transformar o seu coração no timão do barco de sua vida, e permitir que você integre e renove todos os seus aspectos, com as Sete Luzes dos Sete Fogos dos Sete Espíritos que acendem o seu Vivente Coração Sétuplo.

É isso que desejamos a você, e a todos aqueles que buscam, verdadeiramente.

Que o Fogo, a Luz e o Amor da Universal Luz das Luzes possa acender, brilhar e guiá-lo, para que sua vida possa ser uma imagem da Abençoada Senda UNA.

Posfácio

O Arco-Íris sempre foi um símbolo poderoso na consciência do ser humano. Nele podemos ver o clássico "arco da aliança", que representa a possibilidade de unir o céu à terra, ou, em outras palavras, a realidade transcendente do Ser Absoluto à Vida da Alma Humana. Ele representa também a força e o caminho para realizar essa união, os Sete Raios do Espírito que trazem para o ser humano a oportunidade de trilhar o Caminho Espiritual.

Por esta razão, pensamos que seria a maneira correta de encerrar este pequeno livro, dedicado aos Sete Raios do Espírito, com algumas as palavras dos próprios Jovens Rosa-Cruzes, que, durante os sete dias de nosso convívio, na conferência onde refletimos juntos sobre esse tema, compartilharam com todos uma reflexão sobre esse tão elevado símbolo do Arco-Íris.

\- - - - - - -

Para onde nos leva o arco-íris?

Acordei.

Por toda a extensão da janela, cujas cortinas deixei abertas ao dormir, a luz do nascer do sol invadia, aos poucos, o meu quarto. Do teto ao chão, e sobre o meu corpo – no seu próprio ritmo –, a aurora pintava como que um tom vermelho, especialmente claro, em todos os cantos.

Saltei da cama e tratei de me aprontar para a partida. Não que já estivesse ou me sentisse esgotado daquilo que conhecia, mas porque depois de todas as viagens que fiz e voltas que dei, o mundo já não me surpreendia. O que, de fato, ainda me inquietava o coração e a cabeça era o arco-íris que despontava lá fora e, como uma promessa, chamava-me para uma nova jornada.

Afinal, para onde nos leva o arco-íris?

Eu, que já a essa altura da vida queria me desprender de todos os pesos que costumava carregar, saí de casa apenas com miudezas no bolso. E fui, com grande entusiasmo, ao encontro da promessa: era hora de seguir o rastro das cores que irrompiam no céu.

Tão logo me lancei ao desafio de ir além do arco-íris, percebi – contudo – que nem só de belas paisagens uma viagem se desdobra. Inúmeras são as bifurcações na estrada e, seja em meio a nevoeiros ou tormentas, seja em belos dias de calmaria, precisei decidir quais novos caminhos seguir. Houve acertos, acredito. Mas, por causa de algumas escolhas, também fui açoitado pelo frio e pela fome.

A despeito dos dias difíceis e, especialmente neles, o que nunca se apagou foi o chamado: – para onde me levará o arco-íris?

Sim, digo isto, pois, depois de cada uma das nuvens densas que se impuseram à minha jornada, despontavam no céu sete faixas de cores, que como sete canções da mais bela sinfonia – os sete cânticos do arco-íris –, preenchiam o meu coração.

Sendo assim, seguia viagem fortalecido e cheio de ânimo.

Confesso que ainda não podia ver suas cores em plenitude e total intensidade, bem como não podia ouvir a sinfonia que elas espalhavam no universo – mas, pouco a pouco, as cores e os sons tomavam forma, como se um novo instrumento fosse se juntando à melodia e uma nova gota de tinta colorisse o céu.

Com o tempo, comecei a aprender com as bifurcações e fiz dos nevoeiros e tormentas, bem como do frio e da fome, uma escola.

Foi então que, em dado momento, me vi num majestoso vale, próximo ao sopé de um alto monte. E vislumbrei que o fim do arco-íris estava lá – além daquele Monte Sagrado. Tamanha era a beleza do vale, por um lado, e a altura do monte, por outro, que decidi repousar ali por um dia e contemplar o percurso que até então tinha percorrido.

Estava certo de que, naquele momento, – sim –, no monte, uma nova jornada começava. Fechei os olhos e, antes que perdesse para o sono o último vestígio de consciência, mais uma vez me perguntei:

Para onde nos leva o arco-íris?

Acordei.

E visto que, já na primeira hora da manhã, meu coração e minha cabeça não encontravam alternativa senão subir o Monte Sagrado – pus-me a caminho do topo.

Pela soma de tudo o que aprendi no caminho e, especialmente, pela ligação interna que tratei de estabelecer com aquilo que me chamava a prosseguir – a subida do monte me pareceu razoável e a vista me enchia de vigor.

Contudo, eis que me deparei com encostas escarpadas e, achando ser apenas mais um desafio, estendi as mãos em direção às rochas para erguer-me. E grande foi o meu susto quando tentei agarrar as primeiras pontas do rochedo e minhas mãos estreitaram o vazio, pois o rochedo era irreal.

Perplexo, tentei então transpô-lo, mas, repetidamente, bati minha cabeça contra o monte. Isto porque o Monte Sagrado não é um rochedo maciço, mas um complexo de forças.

Custou-me muito tempo para entender que enquanto tentasse me agarrar à matéria para elevar-me ao topo, nada alcançaria. Isso porque ainda não havia perdido a ilusão de que aquilo que trazia em meus bolsos – e que eu pensava serem miudezas – eram, em verdade, enormes pesos que insistentemente carreguei até ali.

E para, finalmente, abandoná-los custou-me ainda mais tempo. Tempo em que, sempre de novo, quis penetrar o monte abraçando a matéria.

Contudo, pelos cânticos do arco-íris, que pareciam irromper ao mesmo tempo do céu e do meu coração, coloquei-me ao trabalho do Amor, para que as sete cores do arco pudessem ser pintadas também dentro do meu ser, do meu pequeno mundo.

E, no ritmo em que se fez possível, pouco a pouco, o milagre da simplicidade das pequenas coisas me foi confiado: pude entender que, para transpor um rochedo de forças, um Monte Sagrado, devo falar uma nova língua.

Devo abandonar minhas velhas palavras, para que aquilo que em mim despertou vá ao encontro da outra ponta do arco-íris. E, para isso, trabalhei sem medo e sem indagar quando o fim chegaria.

Certo momento, enquanto repousava o corpo, peguei-me sonhando com o Monte Sagrado. E lá estava eu, no sonho, de frente ao rochedo. E olhei para o céu, de onde irrompia o arco-da-aliança, e suas sete cores eu jamais havia visto com tamanha beleza e intensidade. No arco, estava escrita uma fórmula mágica: era a chave para porta do rochedo. Surpreso, como se a fórmula eu já conhecesse, mas não a lembrasse mais, tratei de gravá-la a fogo em meu coração.

Num instante, a alvorada me acordou com uma majestosa canção – de esplendor tamanho que nunca pensei ser possível ouvir. E não tardei em me levantar. Pus-me em frente ao rochedo e, sem hesitar, pronunciei – com todo o meu ser – a fórmula mágica, que diz:

- "Que a Tua vontade seja feita".

A porta se abriu.